KÄTZCHEN

Texte von
RITA MABEL SCHIAVO

Herausgegeben Von
VALERIA MANFERTO DE FABIANIS

Grafische Gestaltung
MARIA CUCCHI

Herausgeberische Koordinierung
GIORGIA RAINERI

2-3 • Dieses Katzenbaby beginnt, die Umgebung mit den für sein Alter typischen blauen Augen zu sehen.

4-5 • Da Kätzchen so winzig und wehrlos sind, lösen sie einen natürlichen Schutzinstinkt aus.

6-7 • Die kleine Perserkatze ruht sich aus. Doch gleichzeitig ist sie bereit, mit einem Blick jede Bewegung in der Umgebung zu erfassen.

11 • Eine American Curl: Mit ihrer rundlichen Schnauze, den großen Augen und den nach hinten gekrümmten Ohren ist sie der Inbegriff eines Katzenbabys.

12-13 und 14-15 • Der Katzennachwuchs vollführt unglaubliche Bewegungen im Spiel. Er kann wie Kügelchen rollen und hüpfen.

16-17 • Durch den körperlichen Kontakt zu Wärme und Geruch der Mutter schläft das Neugeborene ruhig und wächst schnell und gesund auf.

INHALT

KÄTZCHEN

EINLEITUNG	S. 18
VON DER GEBURT BIS ZU DEN ERSTEN SCHRITTEN	S. 28
AUF ERKUNDUNG DER WELT	S. 100
SPIELEND LERNEN	S. 170
MERKMALE DER RASSEN	S. 226
EIN LEBEN ALS CLOWN	S. 422
REGISTER	S. 498

Einleitung

Sanfte Fellbällchen wie die Perser, maunzende Geschöpfe wie die Thai oder agile und gefleckte wie die Bengal: Kätzchen jeder Rasse vermitteln den klassischen „kindlichen" Gesamteindruck. Dieser entsteht bei den nach der Geburt nicht selbständigen Tierkindern durch den rundlichen Schädel und kurze Schnauze, winzige Ohren, vergleichsweise grosse Augen, kompakten Körper und wackeligen Gang. Der zarte Anblick und der Eindruck von Wehrlosigkeit blockieren die Aggressivität der Artgenossen, aber auch anderer Tierarten und aktivieren einen Schutzinstinkt gegenüber den Kleinen. Kurzum, es sind herrlich unwiderstehliche Wesen und auch weniger weiche Herzen öffnen sich im entscheidenden Moment für sie wie durch eine besondere Kraft. Möglicherweise hat dies dazu beigetragen, dass es seit der Antike den winzigen Katzen gelang, in verschiedenen geografischen Gegenden die Freundschaft des Menschen zu gewinnen. Obwohl sie heute zu den am meisten verbreiteten Haustieren gehören,

- Für ein Katzenkind ist nichts entspannender als ein Nickerchen in Geborgenheit, am besten zwischen den Kleidungsstücken des Besitzers.

Einleitung

SCHAFFT ES IN WIRKLICHKEIT NIEMAND, DIESE SYMPATHISCHEN OPPORTUNISTEN VOLLSTÄNDIG ZU BESITZEN: GANZ IM GEGENTEIL BETRACHTEN SIE UNS ALS DIE TROPHÄE IHRER EROBERUNG. WER DIE FOLGENDEN SEITEN DURCHBLÄTTERT UND SICH VON DEN WUNDERBAREN ABBILDUNGEN FESSELN LÄSST, UNTERNIMMT EINE REISE IN DAS KOMPLEXE UNIVERSUM DES KÄTZCHENS – VOM ZEITPUNKT DER GEBURT BIS ZUR UNABHÄNGIGKEIT. MAN ERFÄHRT, DASS DAS LERNEN SCHON BEIM ERSTEN SÄUGEN BEGINNT, DASS SCHNURREN EIN OPTIMALES SIGNAL DER KOMMUNIKATION ZWISCHEN MUTTER UND NEUGEBORENEM DARSTELLT UND DIE STIMME JE NACH RASSE VERSCHIEDENE TONLAGEN AUFWEIST. WIE IN DER WELT DER KINDER IST DIE ZEIT DES KATZENJUNGEN IN PHASEN TIEFEN SCHLAFES UND IN SPIELZEITEN EINGETEILT. IN IHNEN GEHT DIE RASCHE ENTWICKLUNG DES SINNES- UND BEWEGUNGSAPPARATES NEBEN DEM SOZIALISIERUNGSPROZESS VONSTATTEN, DER KÄTZCHEN AUF SEIN LEBEN ALS ERWACHSENE KATZE VORBEREITET. EIN JUNGES, DAS DIE ERSTEN DREI MONATE SEINES LEBENS MIT DER MUTTER UND DEN GESCHWISTERN AUFGEWACHSEN IST, WIRD EIN AUSGEGLICHENES TIER WERDEN, DA ES ZUMINDEST DEN BEGINN DES KOGNITIVEN PROZESSES BEENDET HAT. WENN ES DANN SEINE UMWELT ERKUNDET, WIRD ES VON ALLEIN FESTSTELLEN, DASS ES MÖGLICHE BEUTETIERE

Einleitung

GIBT, DIE SICH SEHR GUT VOR EVENTUELLEN ANGRIFFEN VERTEIDIGEN KÖNNEN. DASS ES SINNVOLL IST, NICHT ALLES ZU PROBIEREN, WAS PROBIERT WERDEN KANN, UND DASS DIE UNTERWEISUNGEN DES MUTTERTIERES SEHR NÜTZLICH SIND. IN DER BEZIEHUNG MIT DEN GESCHWISTERN ENTWICKELT DAS KLEINE VOR ALLEM DIE KÖRPERSPRACHE, DIE SOWOHL IM UMGANG MIT KATZEN ALLGEMEIN ALS AUCH MIT MENSCHEN BENUTZT WIRD. JEDER, DER SELBST EINMAL KÄTZCHEN HATTE, WIRD SICH AN DIE SCHELMEREIEN SEINER LIEBLINGE ERINNERN. DAMIT BEWEISEN SIE SICH ALS WAHRE CLOWNS DER TIERWELT. UND SOGAR WER NOCH NICHT DIE FREUDE SELBST ERLEBT HAT, WENN IHN SEINE SCHMEICHELNDE KATZE ZU HAUSE BEGRÜSST, KANN SICH NUN VON DIESEN FASZINIERENDEN WESEN BEZAUBERN LASSEN.

22-23 ● Bevor es zu Körperkontakt kommt, kann es bei den Kämpfen des Nachwuchses anfängliche Fußtritte geben. Mit ihnen werden die Intentionen des möglichen Herausforderers geprüft.

24-25 ● Nach etwa dreißig Tagen fangen Katzenbabys an, den Unterschlupf zu verlassen, in dem sie die Mutter umsorgte. Jetzt locken die ersten Erkundungsgänge.

26-27 ● Zwischen einem kurzen Schläfchen und dem nächsten flitzt und springt das Samtpfötchen. Es nutzt alles, was es findet, für simulierte Angriffe und kleine Jagden.

Von der GEBURT bis zu den ersten SCHRITTEN

- Nach der Geburt ist das Kätzchen völlig von der Mutter abhängig, die es ernährt, säubert und wärmt.

EINLEITUNG Von der Geburt bis zu den ersten Schritten

Katzenwelpen verbringen gewöhnlich ihre ersten Lebenstage zusammen mit der Mutterkatze in einer Höhle oder in einem anderen geschützten Lager. Von dort entfernt sie sich nur selten zum Fressen. Gleich nach der Geburt reinigt das Weibchen das zuerst zur Welt gekommene Kätzchen. Zur Unterstützung beim Atmen leckt sie es kräftig und ernährt es mit dem Kolostrum, einer ersten dünnen Milch mit Antikörpern. Diese Prozedur wiederholt sie bis zum letztgeborenen Kätzchen. So können die Katzenbabys, die noch nicht fähig sind, die eigene Körpertemperatur konstant zu halten, im Warmen bleiben und ihrer Hauptaufgabe nachgehen: dem Wachsen. In diesem Lebensabschnitt kommt es auch zum ersten Austausch zwischen Mutter und Kätzchen mittels Schnurren, einem stumpfen, mit geschlossenem Mund ausge-

- Kaum hat es das Licht der Welt erblickt, leckt die Mutter es energisch, um ihm bei den ersten Atemzügen und dem ersten Miauen zu helfen.

EINLEITUNG Von der Geburt bis zu den ersten Schritten

STOSSENEM BRUMMEN, DAS IN FREQUENZ UND INTENSITÄT VARIIERT. INNERHALB WENIGER WOCHE LERNT JEDES JUNGE WÄHREND DES SÄUGENS ZU SCHNURREN UND VERSICHERT DAMIT DER MUTTER, DASS ALLES GUT IST UND DIE MILCH IHREN BESTIMMUNGSORT ERREICHT. ZU DIESEM ZEITPUNKT BLEIBT DAS WEIBCHEN LIEGEN UND SCHNURRT NOCH EINMAL ZUM ZEICHEN DER ENTSPANNUNG UND SICHERHEIT. NUR HAUSKÄTZCHEN KÖNNEN DIESES GERÄUSCH WÄHREND DES EIN- UND AUSATMENS ZWEIFACH ERZEUGEN; MÖGLICHERWEISE DURCH EIN ZUSAMMENZIEHEN VON KEHLKOPF UND ZWERCHFELL.
DIE JUNGTIERE WACHSEN ZUSEHENDS UND SIND IMMER HUNGRIGER UND DAHER SUCHT DIE MUTTER FÜR IHRE FAMILIE IN DER ENTWICKLUNGSPHASE ETWA ZWANZIG TAGE NACH DER GEBURT EIN NEUES VERSTECK: GRÖSSER, SAUBERER UND NÄHER AN EINER MÖGLICHEN NAHRUNGSQUELLE. BEIM UMZUG WIRD JEDES KÄTZCHEN AN DER NACKENFALTE HOCHGEHOBEN. KAUM GEFASST, NIMMT ES INSTINKTIV EINE SPEZIELLE POSITION EIN, DIESE TRAGESTARRE ERLEICHTERT DEN

EINLEITUNG Von der Geburt bis zu den ersten Schritten

TRANSPORT. DABEI IST DER KÖRPER GEKRÜMMT UND BEWEGUNGSLOS, DER SCHWANZ IST WIE EIN HAKEN ZWISCHEN DEN ANGEZOGENEN HINTERBEINEN EINGEKLEMMT. ES IST SEINE ERSTE REISE UND AUS DIESER ETWAS UNBEQUEMEN STELLUNG BEGINNT ES, SICH UMZUSCHAUEN UND VERTRAUT SICH DABEI VÖLLIG DER MUTTER AN. IHR TRAGEGRIFF IST FEST UND SIE IST SOGAR MIT DIESER LAST IM MAUL FÄHIG, ZU RENNEN UND SPRÜNGE ZU MACHEN.

DER NEUE UNTERSCHLUPF MIT SEINEN GRÖSSEREN AUSMASSEN ERLAUBT EINEN INTENSIVEREN UMGANG MIT DEN GESCHWISTERN. NUN ENTWICKELN KATZENKINDER SCHRITTWEISE KOMMUNIKATIONSFORMEN, BEI DENEN SIE VERSCHIEDENE LAUTE UND KÖRPERSIGNALE KOMBINIEREN. DAS STIMMLICHE REPERTOIRE IST RELATIV KOMPLEX UND VIELSEITIG: UM BEISPIELSWEISE EINE STIMMUNG MITZUTEILEN, KANN AUF EINE VIELZAHL VON MITTELN ZURÜCKGEGRIFFEN WERDEN. JE NACH RASSE WIRD DAS MIAUEN IN DIVERSEN TONLAGEN UND FREQUENZEN AUSGESTOSSEN. DIE THAI, SIAM ODER BIRMA ETWA HABEN

EINLEITUNG Von der Geburt bis zu den ersten Schritten

KRÄFTIGE STIMMEN, DIE SIE OFT GEBRAUCHEN. WÄHREND DIE MAINE COON – OBWOHL SIE BEI GLEICHEM ALTER ROBUSTER ALS ANDERE ARTEN IST – DURCH EIN FEINES STIMMCHEN AUFFÄLLT. WENN BEIM RUFEN DIE OHREN GERADE STEHEN UND DIE AUGEN WEIT GEÖFFNET SIND, SUCHT DAS JUNGE EINFACH AUFMERKSAMKEIT. SIND DIE OHREN ABER VERDREHT ODER NACH UNTEN GENEIGT, DIE AUGEN HALB GESCHLOSSEN UND DER SCHWANZ BEGINNT, SICH LEICHT RUCKARTIG ZU BEWEGEN, IST DAS KÄTZCHEN AUS ANGST NERVÖS ODER AGGRESSIV. BEI AGGRESSION WIRD DAS MIAUEN ZU KNURREN UND FAUCHEN. BEOBACHTET MAN DAS VERHALTEN IN DER TIERFAMILIE, LÄSST SICH DER CHARAKTER DER EINZELNEN MITGLIEDER GANZ GENAU ERKENNEN: WER DRAUFGÄNGERISCH UND SELBSTSICHER MIT AUFGERECKTEM SCHWANZ LÄUFT, WIRD DER ERSTE BEIM FRESSEN SEIN UND BEI DEN KÄMPFEN MIT DEN GESCHWISTERN WOHLBEHALTEN AUF VIER BEINEN BLEIBEN. DIE SCHÜCHTERNEREN DAGEGEN ZEIGEN SICH ÄNGSTLICHER UND WERFEN SICH ALS ZEICHEN DER NIEDERLAGE MIT DEM BAUCH

EINLEITUNG Von der Geburt bis zu den ersten Schritten

NACH OBEN HIN. DIESE VERHALTENSWEISEN PRÄGEN SICH NACH DEM ERSTEN LEBENSMONAT NOCH DEUTLICHER AUS, WENN SOZIALE KONTAKTE MIT ANDEREN ARTGENOSSEN ZUSTANDE KOMMEN.

WÄHREND DER ERSTEN LEBENSMONATE ENTWICKELN SICH DIE SINNE. SIE UNTERSTÜTZEN DAS KÄTZCHEN DABEI, SEINE UMGEBUNG WAHRZUNEHMEN. WENN SIE GEBOREN WERDEN, HABEN DIE KATZENBABYS DIE AUGEN GESCHLOSSEN UND SIND AUF IHREN AUSGEPRÄGTEN GERUCHSSINN ANGEWIESEN. DENN JEDES LERNT MIT DER NASE DEN SPEZIELLEN GERUCH SEINER ZITZE ZU ERKENNEN, AN DER ES NACH MILCH SAUGEN MUSS, OHNE DASS ES DIE GESCHWISTER BEHINDERT. DIESE VOM MENSCHEN NICHT WAHRNEHMBARE GERUCHSSPUR WIRD VON DEN ZEHENKUPPEN DES JUNGEN HINTERLASSEN: ES MASSIERT RHYTHMISCH MIT SEINEN PFOTEN DIE ZITZEN DER MUTTER UND STIMULIERT DAMIT DIE MILCHPRODUKTION. SO BRINGT ES DIE MILCHDRÜSEN DES GESÄUGES MIT DEM BAUCH DER MUTTER IN VERBINDUNG. SOBALD DAS JUNGTIER UNABHÄNGIGER WIRD, BEGINNT ES SEINE KRALLEN AN

EINLEITUNG Von der Geburt bis zu den ersten Schritten

BAUMSTÜMPFEN ODER ANDEREN OBJEKTEN ZU SCHÄRFEN UND SIGNALISIERT DAMIT DAS GRÖSSERWERDEN. DOCH NOCH KEHRT ES HÄUFIG ZUR MUTTER ZURÜCK UND GIBT IHR KLEINE LEICHTE STUPSE VOR ALLEM MIT DER STIRN, WO SICH WEITERE DRÜSEN BEFINDEN. DIE ZÄRTLICHKEITEN STÄRKEN DAS EMOTIONALE BAND UND DIE GEGENSEITIGE ZUGEHÖRIGKEIT. EINE SINNLICHE WAHRNEHMUNG ERFOLGT ÜBER DIE NASE HINAUS MIT DER ZUNGE, DIE DIE GERUCHSMOLEKÜLE ZUM JACOBSON-ORGAN TRANSPORTIERT. DIESES BESONDERE GERUCHSORGAN IST EINE ART „ZWEITE NASE", DIE AM GAUMEN ZWISCHEN RACHEN- UND NASENHÖHLE SITZT, UND MIT DESSEN HILFE DIE KATZE BESONDERE GERÜCHE IN DER UMWELT INTENSIV ERKENNEN KANN.

DAS BEWEGEN DES KOPFES AUF DER SUCHE NACH GERÜCHEN BRINGT AUCH DIE NUTZUNG EINES ANDEREN, HERVORRAGEND ENTWICKELTEN SINNES MIT SICH, DES GEHÖRS. DIE OHRMUSCHELN – OFT GROSS

• Seit dem Lebensbeginn sind vier oder fünf Wochen vergangen. Dieses lebhafte Jungtier fängt an, seine empfindlichen Krallen zu pflegen.

EINLEITUNG Von der Geburt bis zu den ersten Schritten

ODER MANCHMAL SOGAR ÜBERPROPORTIONIERT WIE BEI DEN SIAM ODER SPHINX – SIND IMMER ETWAS UNRUHIG, SOGAR WENN DAS KÄTZCHEN SCHLÄFT. IHRE WAHRNEHMUNG UNTERSCHEIDET SICH BEI TÖNEN IN NIEDRIGEN FREQUENZEN NICHT VIEL VON DER MENSCHLICHEN, DIE SENSIBILITÄT IM HOCHFREQUENZBEREICH ABER IST SOGAR NOCH UM EIN VIELFACHES GRÖSSER ALS DIE VON HUNDEN. DAS INNERE OHR ENTWICKELT SICH IN DER ERSTEN LEBENSWOCHE UND UNGEFÄHR INNERHALB EINES MONATS IST DAS KÄTZCHEN FÄHIG, DAS VON KLEINEN NAGERN AUSGESTOSSENE EXTREM HOHE FIEPEN WAHRZUNEHMEN. MÖGLICHERWEISE VERSTÄRKEN DIE HAARSTRÄHNEN AUF DEN OHREN DER MAINE COON DIESE FÄHIGKEIT, WIE DIES AUCH BEI LUCHSEN ODER EICHHÖRNCHEN DER FALL IST. DIE BESONDERE FORM DES INNENOHRS TRÄGT AUSSERDEM ZU EINEM AUSGEPRÄGTEN GLEICHGEWICHTSSINN BEI UND ERMÖGLICHT KATZEN, AUTO- ODER SCHIFFFAHRTEN OHNE ÜBELKEIT ZU ÜBERSTEHEN.

RUND FÜNFZEHN TAGE DAUERT ES, BIS DIE KLEINEN DIE REFLEXE ZUR

EINLEITUNG Von der Geburt bis zu den ersten Schritten

AKUSTISCHEN UND VISUELLEN ORIENTIERUNG ENTWICKELN. SIE WERDEN QUASI BLIND GEBOREN UND BEGINNEN DANN UM DEN NEUNTEN TAG LANGSAM MIT DEM ÖFFNEN DER AUGENLIEDER. WIE NEUGEBORENE BABYS BRAUCHEN AUCH DIE KATZENJUNGEN ZEIT, BIS DIE NOCH KLEINEN BLAUEN AUGEN DIE UMGEBUNG SCHARF FIXIEREN KÖNNEN. UND ERST AB DER DRITTEN WOCHE KANN MAN VON EINER ERKUNDUNG DER WELT SPRECHEN, EINER SEHR BEGRENZTEN WELT. MIT DEM VORÜBERGEHEN DER TAGE BEGINNT DIE IRIS DIE FARBE ANZUNEHMEN, DIE AB DEM DRITTEN ODER VIERTEN MONAT BLEIBEND SEIN WIRD. DAS SICHTFELD VERBESSERT SICH WEITER UND DAS KÄTZCHEN FOLGT DER MUTTER JETZT AUCH ABENDS. DENN OBWOHL ES WENIGER FARBEN ALS DER MENSCH SIEHT, KANN ES KLEINSTE MENGEN LICHT DANK DES SOGENANNTEN TAPETUM LUCIDUM ERFASSEN, EINER REFLEKTIERENDEN MEMBRAN DIREKT HINTER DER NETZHAUT. UND AN GENAU ZU DIESEM ZEITPUNKT BEGINNT DIE MUTTER MIT IHREN ERSTEN UNTERWEISUNGEN IM TRAINING ZUM GEÜBTEN JÄGER. DAS VOLLZIEHT SICH IN MEHREREN

Von der Geburt bis zu den ersten Schritten
Einleitung

PHASEN: ZUERST BRINGT SIE DIE GETÖTETE BEUTE UND FRISST SIE VOR DEM NACHWUCHS, DANACH ERLAUBT SIE IHM MITZUMACHEN UND MIT DEM TOTEN TIER ZU SPIELEN. ZUM SCHLUSS LÄSST SIE EINE NOCH LEBENDE MAUS INMITTEN DER JUNGEN LAUFEN, DIE MIT EINEM SPEZIELLEN MIAUEN ZUM HANDELN STIMULIERT WERDEN. DIESES VERHALTEN EINES ECHTEN LEHRENS UND BEIBRINGENS IST VERGLEICHSWEISE SELTEN IN DER NATUR.

IM ALTER VON ETWA DREI MONATEN WERDEN DIE KLEINEN KATZEN NICHT MEHR VON DER KATZENMUTTER GESÄUGT. OBWOHL SIE NUN ERFAHREN GENUG SIND, UM AUF SICH SELBST ACHTZUGEBEN, BLEIBEN SIE DOCH GERNE NOCH EINE WEILE BEI DEN GESCHWISTERN ODER IN DER KATZENSCHAR.

- Im Gras versteckt, die Ohren angelegt, mit halb geschlossenen Augen: Mit welchem „Ungetüm" spielt dieses Kleine? Vielleicht nur mit einem vorbeigehüpften Frosch.

• Sobald es geputzt ist, lenkt die Mutter das Katzenjunge zu den Zitzen: Normalerweise saugt jedes immer an derselben.

● Die Neugeborenen sind nicht in der Lage, ihre Körpertemperatur konstant zu halten. Deswegen müssen sie in engem Kontakt mit dem Muttertier bleiben.

46 • Beim Milchgeben schnurrt die Katze: Auf diese Weise kommt es zum ersten Dialog mit den Katzenbabys. Vermittelt werden Entspannung und Sicherheit.

47 • Innerhalb der ersten Lebenstage verlässt die Katze den Nachwuchs selten und nur, um Futter zu suchen. Im Allgemeinen entfernt sie sich in den ersten achtundvierzig Stunden gar nicht.

● In den kurzen Momenten, in denen die Nachkommen allein bleiben, schmiegen sie sich auf der Suche nach Schutz und Wärme fest aneinander.

- Ein frisch geborenes Katzenbaby ist zehn bis fünfzehn Zentimeter groß und wiegt siebzig bis einhundertdreißig Gramm. Ohne die Mutter ist es völlig schutzlos.

52 • Die Schildpattkatze mit etwas besorgtem Blick hat beschlossen, dass es besser ist, für ihre Sprösslinge eine sicherere Zuflucht zu suchen.

53 • Dieses Kätzchen ist weniger als eine Woche alt. Wenn die Mutter sich zu einem so frühen Umzug entschlossen hat, liegt es daran, dass jemand oder etwas sie störte.

54-55 • Ist erst der Magen gefüllt, können die Kleinen einige überschaubare Runden drehen, um dann entspannt einzuschlafen.

55 • Nach einigen Wochen gleicht sich die Augenfarbe des Katzenkindes der seiner Eltern an.

56 • Die rötlichen Kätzchen eines Wurfes tendieren dazu, etwas größer als ihre Geschwister zu sein.

57 • Ein Tortie späht versteckt und eingezwängt zwischen anderen Samtpfötchen hervor.

● Schon groß genug, um den ersten Brei gekostet zu haben. Hier schlafen diese ganz jungen Katzen tief auf weichem Fleece.

60 • Ist die Mutter ruhig, legt sie sich auf die Seite, damit der Nachwuchs trinken kann. Die Katzenbabys zeigen ihre Zufriedenheit durch Schnurren.

61 • Für diese kleinen Britisch Kurzhaar mit dem speziellen goldenen Tabby-Muster ist das der Augenblick der Säuberung durch die Mutter.

62-63 • Die ersten Milchzähne zeigen sich schon zwei oder drei Wochen nach der Geburt. Eineinhalb Monate danach ist das Gebiss fertig ausgebildet.

- Die Augen behalten ihre schöne blaue Farbe bei dieser Thai oder Traditionellen Siam. Bei ihr handelt es sich um ein Tier mit starkem und lebhaftem Charakter.

• Alle Zöglinge, besonders aber diese Russisch Blau, können in den unbequemsten Positionen schlafen. Wenn sie träumen, sehen sie ganz entzückend aus.

• Während des Schlafes verarbeitet das Tierkind die Nährstoffe. Dadurch verdoppelt sich das Geburtsgewicht innerhalb von zehn Tagen und vervierfacht sich in einem Monat.

- Die Muskeln der Pfoten müssen noch gekräftigt werden. Bei den ersten Schritten ist der Gang etwas unsicher. Doch auf glattem Boden stehen ist auch wirklich nicht einfach.

- Egal, ob wir auf der Straße zur Welt gekommene oder teure Rassekatzen beobachten: Das erste Laufen ist schwierig und bei allen ähnlich.

- Wie heranwachsende Kinder versuchen sich die circa einen Monat alten Kätzchen der Reinigung durch das Muttertier zu entziehen.

76 • Diese graue, oder besser intensiv blaue Britisch Kurzhaar tänzelt frech.

77 • Geradezu ein Familienporträt mit zwei Britisch Kurzhaar, die sich gegenseitig in die Augen schauen. Erwachsenes und junges Tier kommunizieren einfach per Blick.

● Zwischen den ersten Abenteuern kehrt der jugendliche Forscher häufig zur Mutter zurück und stupst sie mit der Stirn. An ihr befinden sich einige Geruchsdrüsen.

● Erst in der dritten Woche beginnt das Junge, die umgebende Welt schärfer mit dem Blick zu fixieren. Aber dabei braucht es noch viel Unterstützung.

- Kätzchen ermüden schnell bei Spaziergängen. Ist ein ruhiger Ort gefunden, fressen sie und gönnen sich ein Schläfchen unter den wachsamen Augen der Mutter. Und sollte die Energie wirklich nicht ausreichen, übernimmt die Katze auch ihren Transport.

84 • Wird es am Fell im Nacken gepackt, bleibt das Heranwachsende bewegungslos und krümmt den Körper zusammen. Dabei klemmt es den Schwanz zwischen die Hinterbeine und hilft so bei der Beförderung.

85 • Bereits nach einem Lebensmonat kann der kleine Hausgenosse den von der nächtlichen Beute ausgesandten Fiepton wahrnehmen.

- Liebkosungen sind fundamental für die emotionale Bindung und fördern das gegenseitige Gefühl der Zugehörigkeit.

- Vor allem ausgewachsene Weibchen sind sensibel für das spielerische Wesen der Kinder und erdulden ihre „Torturen".

- Hauskatzen sind die einzigen ihrer Art, die doppelt schnurren können. Sie erzeugen das Geräusch sowohl beim Ein- als auch beim Ausatmen. Das gelingt ihnen wahrscheinlich durch das Zusammenziehen von Kehlkopf und Zwerchfell.

• Herausforderung und Angst verbinden sich im Verhalten dieses Stubentigers. Fauchen und aufrecht stehendes Fell bedeuten zwar Aggression, doch die zusammengekniffenen Augen zeigen seine Unsicherheit.

- Die Anwesenheit der Katzenmutter ist eine Konstante bei den ersten Abstechern, vor allem bei denen ins Freie.

- Die Katze tröstet und ermutigt bereitwillig auch den furchtsamsten Nachwuchs: Wer im Haus geboren ist, dem fällt es weniger leicht, auf das Wiesengras zu treten.

- Beobachtet man die Interaktion zwischen den kleinen Räubern, lässt sich schon früh ein dominanter Charakter von einem unterwürfigen unterscheiden.

Auf ERKUNDUNG der WELT

● Ein eindringlicher Blick, aufgerichtete Ohren, erhobener Schwanz. Dieses Halbwüchsige in Brown-Tabby ist nun erfahren genug, um die Welt zu erobern.

EINLEITUNG Auf Erkundung der Welt

Sobald das Katzenkind über genügend motorische Fähigkeiten verfügt, wagt es sich an die Entdeckung seiner nächsten Umgebung. Alle Sinne entwickeln sich und sind zum Empfang eines jeden Signals bereit. Neben den sozialen Beziehungen sind nun Aktivitäten wie Erforschen und Nachahmen sehr wichtig. Die kleinste bewegliche Sache wird instinktiv als eine potenzielle Beute betrachtet, mit der man eine Erfahrung machen kann. Jeder Faden, jedes Band kann an einen Mäuseschwanz erinnern; alles Herabhängende verwandelt sich in ein imaginäres Flugobjekt. Der Reaktionsverlauf ist derselbe wie bei allen Säugetierjungen: Wird ein auch noch so winziges Geräusch vernommen, versucht das Kleine dessen Herkunft zunächst mit den Augen auszumachen, dann berührt es das Objekt mit den Füssen und will es

EINLEITUNG Auf Erkundung der Welt

PROBIEREN. AUS DIESER PERSPEKTIVE WIRKT JEDES „NICHT IDENTIFIZIERTE FLUGOBJEKT" EINFACH UNWIDERSTEHLICH. MIT ERHOBENEM NÄSCHEN SAUST DAS KÄTZCHEN LOS, RISKIERT ZUSAMMENSTÖSSE UND EVENTUELLE HINDERNISSE. ODER ES MACHT TOLLKÜHNE SPRÜNGE MIT ERHOBENEN TATZEN, DIE DAMIT ENDEN, DASS ES SICH STÖSST. ES VERSUCHT MIT SEINEN WINZIGEN, ABER SCHARFEN KRALLEN EIN HERABGEFALLENES INSEKT ZU ERHASCHEN, WAS IHM ABER NICHT GELINGT UND ES AM ENDE MIT DEN ZÄHNEN ZUPACKT. DIE ERFAHRUNGEN KÖNNEN VIELFÄLTIG SEIN UND SO MANCH EINE MÜCKE WIRD ZUM BEUTESPIELZEUG. EINIGE SCHMETTERLINGE MÖGEN SCHLECHT SCHMECKEN, ABER LIBELLEN ODER HEUSCHRECKEN ERWEISEN SICH ALS LECKERBISSEN, AN DIE SICH DIE KATZE IHR LEBEN LANG ERINNERT. ALLES, WAS SPRINGT, ZIEHT DIE AUFMERKSAMKEIT EINER JUNGEN KATZE AUF SICH: DOCH WER EINEM FROSCH MIT ANLAUF HINTER-

EINLEITUNG Auf Erkundung der Welt

HERJAGT, ENDET MANCHMAL MIT EINEM UNGEPLANTEN SPRUNG IN DEN TEICH. EINE KRÖTE LÄSST SICH ZWAR PROBLEMLOSER FANGEN, DOCH AN IHR ZU NASCHEN, DÜRFTE EINE UNSCHÖNE ÜBERRASCHUNG WERDEN: SIE SETZT SICH MIT GIFTIGEN HAUT-SEKRETEN ZUR WEHR, WAS BEI DER KATZE ZU EINEM HEFTIGEN BRENNEN UND ANSCHWELLEN DER MUNDSCHLEIMHAUT FÜHRT. AUF DIESE ERFAHRUNG WIRD SIE KÜNFTIG GERNE VERZICHTEN. IN KURZER ZEIT LERNT DAS KÄTZCHEN AUF DEM LAND, DASS IGEL GENAUESTENS WISSEN, WIE SIE SICH VERTEIDIGEN MÜSSEN, DASS KÜKEN UND GÄNSE ÄUSSERST NERVÖSE MÜTTER HABEN UND DASS NACH EINER LANGEN JAGD AUF EIDECHSEN NICHTS ALS EIN STÜCK SCHWANZ ZWISCHEN DEN KRALLEN HÄNGEN-BLEIBT. WIE TIERE SO SIND AUCH PFLANZEN ATTRAKTIV FÜR DIE-SE ABENTEUER LIEBENDEN ENTDECKER: ES GIBT VIELE PFLANZEN IN HAUS ODER GARTEN, DIE MIT IHREN BLÄTTERN ZUM KRATZEN

EINLEITUNG Auf Erkundung der Welt

ODER ANKNABBERN EINFACH ZU VERLOCKEND SIND. DOCH DIE GEFAHR ZEIGT SICH SCHNELL. PFLANZEN PRODUZIEREN OFT TOXISCH WIRKENDE SCHUTZSUBSTANZEN. ALPENVEILCHEN, AZALEE, FEIGENBAUM, OLEANDER, WEIHNACHTSSTERN UND VIELE ANDERE KÖNNEN KÄTZCHEN ERNSTHAFTE PROBLEME BEREITEN, DIE NUR DER TIERARZT LÖSEN KANN. MIT VORLIEBE KRIECHEN DIE KLEINEN KATZEN IN SCHACHTELN UND BEUTEL, SOGAR WENN SIE SICH DARIN RECHT UNBEQUEM ZUSAMMENKAUERN MÜSSEN. DIE URSACHE FÜR IHRE VORLIEBE, SICH AUF KLEINSTEM RAUM ZUSAMMENZUROLLEN, IST UNBEKANNT. VIELLEICHT VERLEITET SIE DER INSTINKT SICH ZU VERSTECKEN UND AUS DEM HINTERHALT ANZUGREIFEN ODER SCHLICHT DAS PURE VERGNÜGEN. DIESE GEWOHNHEIT KANN MANCHMAL AUCH GEFÄHRLICH FÜR DIE KLEINEN TIERE ENDEN, WENN SIE BEISPIELSWEISE BEI REGEN FLINK ÜBER DIE RÄDER IN DIE MOTOREN VON AUTOS KLETTERN.

- Ein Blätterhaufen ist der passende Ort zum Spielen. Gerüche und Geräusche vermischen sich und erreichen die Sinne. Diese befinden sich bei dem Jungtier noch in der Entwicklungsphase.

- Abenteuerhungrige Forscher schreiten furchtlos voran. Die Brüderchen haben ein ihnen unbekanntes Ding oder Tier gesichtet.

• Die Welt von einem geschützten Ort aus beobachten, an dem man sich bei der kleinsten Gefahr verstecken kann: Beute und Jäger haben denselben Instinkt.

112 • Das Kätzchen, das im Freien aufwachsen kann, hat bald einen ausgeprägten Gleichgewichtssinn. Es läuft gern in luftiger Höhe, um die Umgebung zu überblicken.

113 • Alle im Gänsemarsch hinter dem Neugierigsten und Mutigsten des Wurfes her. Vielleicht, um die Katzenmutter zu suchen oder sie einfach zu imitieren?

- Die Katzennase kann dank ihrer komplexen Struktur mit über 200 Millionen Geruchszellen (mehr als bei Hunden der gleichen Größe) Gerüche sehr gut wahrnehmen.

• Jede Felsspalte, jedes enge Loch wirkt auf die Kleinen unwiderstehlich. Das Versteckspiel ist die perfekte Vorbereitung, um später selbst zum Angriff überzugehen!

- Etwas bewegt sich im Wasser unter den Seerosen: Wenn sich dieses Kätzchen zu intensiv auf seine mögliche Beute konzentriert, könnte es passieren, dass es nass wird.

• Die Löwenzahnsamen haben ein anderes Verbreitungsmittel als den Wind gefunden: Der verblüffte Winzling muss fast niesen.

- Gräser und duftende Blumen sind anziehend für die Nasen der Hauskatzenkinder. Manchmal rollen sie sich ganz entzückt auf den Wiesen herum.

- Ein Schuh, der im Garten liegt, ist das optimale Versteck, in dem man sich erst verbirgt und dann suchen lässt.

- Die Allerjüngsten sind so gefesselt von jeder denkbaren Beute, dass sie Gefahren außer Acht lassen. Da kann es schon einmal passieren, dass man stolpert und hinfällt.

- Zu den größeren Gefahren zählen Pflanzen, da viele von ihnen für Katzen giftige Substanzen enthalten.

- Während sie sich die kleinen Krallen wetzen, hinterlassen die Samtpfötchen Geruchsmarkierungen auf Holz oder Gummi. Und damit ein Zeichen ihrer Anwesenheit.

- Riechübungen: Sie folgen jeder Spur. Dieses Räuberchen will sich ein gutes Mahl schmecken lassen.

- Futterplätze oder Briefkästen für Vögel sind ideale Orte, um auf Beutezug zu gehen.

136 • Ein vorwitziges Katzenkind gibt nicht auf. Gewandt und mit Krallen zum Halten, Hochklettern und Vorwärtskommen und um das Ziel zu erreichen.

137 • Bis zum fünften Monat ist der Stubentiger nicht in der Lage, ein Territorium zu erfassen. In einer Umgebung, ohne Markierungen der Mutter, ist er desorientiert.

- Die kleinen Kätzchen stürzen sich in die Entdeckung ihres Umfelds. Sie erkunden höher gelegene Aussichtsplätze. Glücklicherweise verhindert der wendige Körperbau des Nachwuchses negative Folgen beim Absturz.

• Eine Blüte an einem Zweig oder vom Wind bewegtes Laub helfen dabei, Erfahrung in der Jagd auf fliegende Beute zu sammeln.

- Die Verfolgung „fliegender Blüten" ist äußerst kurzweilig. Sie zu naschen etwas weniger, denn der größte Teil der Schmetterlinge ist ungenießbar.

- Etwas zappelt. Ein Insekt, ein Vögelchen oder die Blätter am Strauch. Alles kann für Jagdübungen interessant sein.

● Holz ist das beste Material für Untersuchungen. Die kleinen Krallen können an ihm kratzen und etwas Fressbares finden.

• „Ich bin ein Meister darin, auf Bäume zu klettern und das Territorium zu sondieren. Aber wie finde ich den Weg nach unten?", scheint dieses weiß-orangefarbene Katzenkind zu denken.

- Wenn das Insekt mit seinem Brummen die Aufmerksamkeit geweckt hat und in den Blick geraten ist, macht das Kleine Sprünge mit erhobenen Vorderpfoten.

- Rasen und Gärten sind ideale Plätze für ein Jungtier: Hier wird es die ersten Eindrücke beim Hinterherjagen bekommen.

- Wie ein intelligentes Raubtier der Savanne schleicht sich dieses getigerte Kätzchen mit gestrecktem Körper und gebeugten Pfoten an. Dabei bleibt es im Gras versteckt.

- Die Entwicklungsdauer kann je nach Rasse verschieden sein. Sie hängt auch von der Umgebung ab, in der der Neuankömmling lebt.

- In Gruppen fühlen sich Katzenkinder sicherer und außerdem können sie sich Tricks ausdenken, um ihre Ziele zu erreichen.

Welches ist der beste Ort, um sich zu verbergen? Dieser rote Hausgenosse ist versteckt hinter den Gardinen und zum Hervorschnellen bereit.

● Diese Katzenbabys beobachten die Außenwelt, die sie bald zu ihrer Heimat machen werden, von innen durchs Fensterglas.

164 • Ein Zierkürbis kann ein toller Beobachtungspunkt über den Garten sein. Natürlich auch ein Trainingsgerät für das Gleichgewicht.

165 • Ein unbekanntes Geräusch oder eine winzige Bewegung genügt, und schon ist das Samtpfötchen im Jagdmodus.

- Eine erhöhte Position wie auf einem Mäuerchen ist ideal, um sowohl das Umfeld, als auch die anderen Artgenossen zu kontrollieren.

- Mit aufgerichtetem Schwanz durchkämmen diese Geschwister ihr Gebiet. Dabei versuchen sie, über den Geruch in Kontakt zu bleiben.

SPIELEND LERNEN

- Kätzchen können Farben sehen, aber anders als Menschen: Sie unterscheiden blau, grün, gelb und violett. Rot, orange und braun nehmen sie nicht wahr.

EINLEITUNG Spielend lernen

Genauso wie Kinder nutzen Katzenjunge das Spiel für die eigenen Wahrnehmungs- und Anpassungsprozesse. Aus diesem Grund sollte ein Kätzchen für eine Zeitspanne von mindestens zwölf Wochen in Kontakt mit Mutter und Geschwistern bleiben können.
Die Schwanzspitze des Muttertieres und ihre harmonische Bewegung wirken einfach unwiderstehlich auf diese Mini-Tiger im Gras.
Während der ersten zwei Lebensmonate verbringen sie ihre meiste Zeit in einer Tiefschlafphase, in der die Wachstumshormone ausgeschüttet werden. Später verändert sich der Rhythmus allmählich und lange Abschnitte leichten Schlafes kommen hinzu, in denen die Ohren selbst leiseste Geräusche wahrnehmen. Die Wachphasen sind der Nahrungsaufnahme und dem Spielen vorbehal-

EINLEITUNG Spielend lernen

TEN. DIES BESCHRÄNKT SICH ZUNÄCHST AUF ERSTE KAMPFSPIELE MIT DEN GESCHWISTERCHEN IM INNERN DES UNTERSCHLUPFES. SOBALD SIE SICH FREI IN IHREM UMFELD BEWEGEN KÖNNEN, BEGINNEN DIE KÄTZCHEN, AUCH MIT DEN „COUSINS" ODER ÄLTEREN GESCHWISTERN ZU INTERAGIEREN. DAS GILT AUCH FÜR DIE „TANTEN", DAS HEISST FÜR DIE WEIBCHEN, DIE SICH MANCHMAL MIT DEN SPIELEREIEN DER KLEINEREN BESCHÄFTIGEN UND DABEI DIE MUTTER VERTRETEN. SEHR AMÜSANT ZU BEOBACHTEN SIND DIE AUGENBLICKE, DIE DER BALGEREI UNMITTELBAR VORAUSGEHEN. ZWEI GANZ JUNGE SPIELGEFÄHRTEN MACHEN SICH BEREIT ZUR ATTACKE: SIE STEHEN NEBENEINANDER AUF IHREN VIER PFOTEN, MACHEN EINEN BUCKEL, STRÄUBEN IHR FELL UND FAUCHEN DROHEND. MIT DIESEM VERHALTEN VERSUCHEN SIE, GRÖSSER ZU WIRKEN, ALS SIE TATSÄCHLICH SIND, UM IHREM GEGNER ANGST ZU MACHEN. DAS JUNGE, DAS IM „KAMPF" DIE OBERHAND HAT, HÄLT

EINLEITUNG Spielend lernen

MIT DEN ZÄHNEN DEN HALS ODER DEN KOPF DES HERAUSFORDERERS FEST. DIESER DREHT SICH AUF DEN RÜCKEN UND ZEIGT MIT DEM BAUCH DIE VERLETZLICHSTEN TEILE DES KÖRPERS ALS ZEICHEN DER UNTERWERFUNG. SOLCHE SIMULIERTEN DUELLE SIND EIN GUTES TRAINING FÜR DEN MOMENT, IN DEM DIE STÄRKEREN EXEMPLARE BEREIT SIND, SICH EINER ANDEREN AUSGEWACHSENEN KATZE ODER EINEM HUND ZU STELLEN. SO HOCH WIE MÖGLICH ZU SPRINGEN ODER ZU KLETTERN IST NEBEN DEM KÄMPFEN AUF DER ERDE EIN WEITERER, OFT PRAKTIZIERTER „SPORT". DIESE AKTIVITÄT ERLAUBT ES, DIE SOWOHL DURCH DIE BEUGESEHNEN ALS AUCH DIE MUSKULATUR BEWEGBAREN KRALLEN AUSZUBILDEN. SOBALD ES EINEM KÄTZCHEN GELUNGEN IST, IN EINE HÖHERE POSITION BEISPIELSWEISE AUF EINER NIEDRIGEN MAUER ODER EINEM STUHL ZU SPRINGEN, VERSUCHEN DIE ANDEREN, SEINEN SCHWANZ ZU FANGEN UND TUN ALLES, DAMIT SIE ES VON SEINEM

EINLEITUNG Spielend lernen

PLATZ VERTREIBEN UND SICH SELBST DORTHIN SETZEN KÖNNEN. ATTACKEN, VERFOLGUNGEN UND RAUFEREIEN WIRKEN GERADE BEI GRÖSSEREN RASSEN MANCHMAL GEWALTTÄTIG, ABER EIN ANGEBORENER SINN FÜR DAS RECHTE MASS VERHINDERT BEI KATZENJUNGEN DAS ÜBERSCHREITEN DER SICHERHEITSGRENZE UND GEGENSEITIGE VERLETZUNGEN. DURCH BALGEREIEN LERNEN SIE DIE FÄHIGKEIT DER EIGENEN MUSKELN EINZUSCHÄTZEN UND DIESE NACH WUNSCH EINZUSETZEN, UM AUF DIESE WEISE ERFOLGREICHE RAUBTIERE ZU WERDEN. ALLE KATZEN, OB GEWÖHNLICHE HAUSKATZE ODER WERTVOLLES RASSETIER, MIT LANGEM ODER KURZEM FELL, SPIELEN UM ZU LERNEN ODER UM TRAINIERT ZU BLEIBEN NAHEZU IHR LEBEN LANG, IM LAUFE DER JAHRE JEDOCH MIT IMMER WENIGER ENERGIE. IM ALTER KEHREN SIE DAZU ZURÜCK, FAST DEN GANZEN TAG EIN SCHLÄFCHEN ZU HALTEN. WIE ZU IHRER ZEIT ALS FRISCH GEBORENES KÄTZCHEN.

● Für eine positive Entwicklung müssen die Jungkatzen mindestens in den ersten zwölf Wochen mit der Katzenmutter und den Geschwisterchen spielen dürfen.

- Ab und zu lassen Tierkinder die Mutter und die anderen Kleinen allein, um das Umfeld zu erkunden und eigene Erfahrungen zu machen.

- Bälle mögen aus vielen verschiedenen Materialien sein, glänzend oder matt, hart oder weich. Solange sie rollen, amüsieren sie die Samtpfötchen.

• Ein rotes Wollknäuel ist nicht besonders anziehend aufgrund seiner Farbe, die als grau wahrgenommen wird. Reizvoll ist vielmehr, dass es sich bewegt, wenn man es „am Schwanz zieht".

- Wenn sie mit einem Wollknäuel beschäftigt sind, heißt es aufpassen: Ein Junges könnte sich mit den Pfötchen im Fadengewirr verfangen.

- Manche Gegenstände aus Gummi oder Holz sind sehr geschätzt, weil vor allem während des Zahnwechsels herrlich auf ihnen herumgekaut werden kann.

- Sollte sich das Knäuel oder der Wollfaden dank eines Spielgefährten bewegen, wird körperliche Aktivität gleich noch viel unterhaltsamer.

- Bei Kämpfen machen die kleinen Raufbolde beachtliche Sprünge, mit denen sie ihre motorischen Fähigkeiten verbessern. Und häufig kommt es deswegen zu lustigen Zusammenstößen.

- Einige runde Spielobjekte oder Spielmäuse werden mit Katzenminze behandelt, um bei Kätzchen auch den Geruchssinn anzuregen.

● Mit einer entschieden größeren „Handfertigkeit" als sie Hunde haben, sind Katzenkinder begabte Spielernaturen. Sie beweisen diese Fähigkeit beim Herumtollen im Stoff und der vorgetäuschten Jagd auf Beute.

- Der in den ersten Lebensmonaten stattfindende, spielerische Umgang mit Artgenossen ist für das seelische Gleichgewicht der Katze unerlässlich.

- Alle Rangeleien zwischen den kleinen Räubern dienen dem Training, damit eines Tages die Eroberung eines Terrains oder Partners gelingt.

● Ein angeborener Sinn für das Limit verhindert, dass Jungtiere die Sicherheitsgrenze überschreiten und sich verletzen, auch wenn ein kleiner Kratzer durchaus normal ist.

- In den verschiedenen Phasen der Auseinandersetzung können sich Tatzenhiebe mit Wälzen abwechseln wie bei Boxern oder Ringern.

- Um keinen Preis würde dieses Kleine den von ihm gefangenen Seilgriff loslassen – lieber stellt es sich tot.

• Einige Katzenkinder werfen sich mit dem Bauch nach oben auf den Boden. Nicht etwa, um sich zu ergeben, sondern um die Kraft der Hinterpfoten zum Austeilen von Tritten zu benutzen.

- Das dominante Tierjunge hält normalerweise den Hals oder den Kopf des Herausforderers solange mit den Zähnen fest, bis dieser sich auf den Rücken dreht.

- Zuweilen bekommt der Kampf ein neues Gesicht und die beiden Gegner beginnen, sich wie brave Geschwisterchen zu lecken und zu „umarmen", als würden sie Frieden schließen.

- Seile oder farbige Spiele werden ebenfalls von Preisrichtern bei Katzen-Schauen genutzt, um den Gesundheitszustand und die Aufmerksamkeit der jungen Siegesanwärter zu prüfen.

● Während der ersten Balgereien entwickeln sich die Sinne, das Gehör eingeschlossen. Aus diesem Grund sind auch Rasseln im Spielzeug anziehend.

- Obwohl es unterhaltsam ist, dem Beuteersatz hinterherzurennen, empfiehlt es sich, ihn ab und zu vom neuen Hausgenossen erfolgreich fangen zu lassen. So entwickelt er Selbstvertrauen.

- Auf den anderen zu springen oder in die Füße zu beißen sind Einladungsgesten zum Kampf. Bei ihm wird die Beherrschung der eigenen Muskeln erlernt.

- Raufereien werden bei Siam-Geschwistern mehr noch als bei anderen Rassen von lauten Tönen begleitet. Wer die meisten Schwierigkeiten hat, tönt am lautesten.

● Heranwachsende Vierbeiner setzen sich unabhängig vom Geschlecht kämpferisch auseinander. Diesem Calico-Kätzchen zum Beispiel gelingt es, den Bruder zu besiegen.

- Wer sich bei einem möglichen Duell besser behauptet, legt meist die Ohren an; sodass sie nicht sofort von den Zähnen des Gegners geschnappt werden können.

MERKMALE der RASSEN

- Das bauschige, schwarzweiße Perserjunge präsentiert die Merkmale der Langhaarkatzen.

EINLEITUNG Merkmale der Rassen

Nach wenigen Lebensmonaten, oft schon bereits nach ein paar Tagen, sind an Kätzchen deutlich die Charakteristika der bekanntesten Rassen zu erkennen. Rundliche Fellkügelchen, mit gerade nach oben gerecktem Schwanz, die sich wie die Fahrzeuge bei einem Autoskooter bewegen: Das sind die kleinen Perser im Alter von etwas mehr als einem Monat. Mit circa zweihundert verschiedenen Kreuzungen bieten sie das ganze Spektrum an Farbvarianten des Fells, das bei ausgewachsenen Tieren lang und glatt ist. Ein flaches Schnäuzchen, winzige Ohren und ein wohlgeformter Körper tragen zur Beliebtheit dieser anmutigen Wesen bei. Die Kurzhaarvariante der Perser, die Exotisch-Kurzhaar, bietet eine ähnliche Gestalt und Eigenschaften.
Dreieckige Ohren, die wie bei Luchsen in einem hübschen Haar-

• Ein halbwüchsiges, rötliches Exemplar der Scottish Fold mit seinen typischen Faltöhrchen. Es zeigt stolz sein kurzes und kompaktes Fell.

EINLEITUNG Merkmale der Rassen

PINSEL AUSLAUFEN, KENNZEICHNEN VON KLEIN AUF DIE MAINE COON. DIESE KÄTZCHEN AMERIKANISCHER HERKUNFT MIT MITTELLANGEM FELL SIND VERSPIELT, SOZIAL UND AUF LIEBENSWÜRDIGE WEISE WILD. SIE SIND BEGABTE KLETTERER, SPRINGEN GERNE IMMER NOCH HÖHER UND SIND AUSGESPROCHEN WASSERLIEBEND – DANK DER SCHWIMMHÄUTE ZWISCHEN DEN ZEHEN IST DER KONTAKT MIT WASSER UND SCHNEE FÜR SIE UNPROBLEMATISCH. DAMIT HABEN SIE DIE PHYSISCHEN MERKMALE VON WILDTIEREN BEIBEHALTEN, GENAU WIE DIE NORWEGISCHE WALDKATZE, VON DER SIE VERMUTLICH ABSTAMMEN. BEI BEIDEN RASSEN, WIE AUCH BEI DEN SIBIRISCHEN KATZEN UND DEN FRIEDLICHEN RAGDOLL-KATZEN, IST DAS FELL DICHT UND DAHER LEIDEN DIESE TIERE UNTER HITZE. DAS GEGENTEIL IST DER FALL BEI DEN WEISSEN TÜRKISCHEN ANGORA, DEN TÜRKISCHEN VAN MIT FARBIGER STIRN UND SCHWANZ, UND DEN HEILIGEN BIRMA. SIE BESITZEN KEINE UNTERWOLLE UND WIRKEN BEIM BERÜHREN WEICH UND FLAUMIG, BEINAH HAUCHFEIN. DER LEBHAFTE NACHWUCHS DER BIRMA-KATZE MIT

EINLEITUNG Merkmale der Rassen

SEINEN AQUAMARINBLAUEN AUGEN BESTICHT DURCH EINE DUNKLE FÄRBUNG, VORWIEGEND SEAL (NERZFARBEN) ODER BLAU (GRAUBLAU) AN MUNDSPITZE, OHREN, PFOTEN UND SCHWANZ. SIE STEHT IN KONTRAST ZUM SEHR HELLEN REST DES KÖRPERS UND DEN ARISTOKRATISCH WEISSEN „HANDSCHUHEN" AN DEN FÜSSEN.

ÜBERWIEGEND HELLES FELL, DUNKLE BEINE UND BLAUE AUGEN SIND AUCH FÜR EINE DER ÄLTESTEN RASSEN TYPISCH: DIE THAI UND DIE TRADITIONELLE SIAMKATZE. DIESE TIERE HABEN EINE KRÄFTIGE STIMME, MAN BEZEICHNET SIE ALS „SPRECHENDE KATZE", DA SIE SCHNELL MIT TÖNEN KOMMUNIZIEREN. DAS GILT AUCH FÜR DIE MODERNEN SIAM UND BALINESEN, DIE MIT IHREN NIEDRIG AM KOPF ANGESETZTEN, BREITEN, ÜBERGROSSEN OHREN UND KLEINEM WUCHS ZIERLICH WIRKEN. OHREN UND WUCHS SIND NOCH STÄRKER BEI DEN JUNGTIEREN DER KANADISCHEN SPHINX AUSGEPRÄGT, DIE ALS NAHEZU HAARLOSE „NACKTKATZEN" AN GLATTE FLEDERMÄUSCHEN ERINNERN. SIE SIND IMMER AUF DER SUCHE NACH MÜTTERLICHER WÄRME UND ZUWENDUNG.

EINLEITUNG Merkmale der Rassen

INSBESONDERE DIESE KÄTZCHEN BRAUCHEN STÄNDIGE AUFMERKSAMKEIT: LUFTZUG KANN SEHR GEFÄHRLICH FÜR IHRE GESUNDHEIT SEIN UND SIE DÜRFEN BEI RELATIV NIEDRIGER AUSSENTEMPERATUR NICHT IM FREIEN BLEIBEN. ANDERSEITS ERFREUEN SIE SICH EINER ÜBERBORDENDEN ENERGIE UND SIND FRÜHREIF, SODASS SIE SICH SCHON NACH EINEM MONAT PRAKTISCH SELBSTÄNDIG ERNÄHREN. GLEICH SCHNELL ENTWICKELT SIND DIE DEVON REX, DIE DIE AUGEN SCHON IN DER ERSTEN LEBENSWOCHE ÖFFNEN. SIE WERDEN AUCH NACKT GEBOREN: IHR AUSSERGEWÖHNLICH LOCKIGES UND SANFT BEWEGT WIRKENDES FELL WÄCHST NUR LANGSAM. NACH DREI MONATEN IST ES RELATIV SPÄRLICH UND VERDICHTET SICH ERST NACH EINEM JAHR UND WIRKT DANN WIE PERSIANER – DAS FELL DES KARAKULLAMMES. DIE DEVON REX BESITZEN WIE DIE CORNISH REX MIT TYPISCH GEWELLTEM HAAR PRAKTISCH KEINE UNTERWOLLE. AUS DIESEM GRUND FRESSEN SIE STÄNDIG, UM DIE EIGENE KÖRPERTEMPERATUR KONSTANT ZU HALTEN UND SUCHEN PERMANENT EINEN WARMEN PLATZ. EIN GEPOLSTERTES

EINLEITUNG Merkmale der Rassen

KÖRBCHEN AN DER HEIZUNG MACHT SIE MIT SICHERHEIT GLÜCKLICH. SOBALD SIE KLETTERN KÖNNEN, LEGEN SIE SICH GERNE UNTER EINE DECKE ODER FEDERBETTEN. DER ANHANG „REX" IM NAMEN EINIGER RASSEN, WEIST AUF EINE ANOMALIE IN DER FELLSTRUKTUR HIN, SELBST WENN DIESE SICH GENETISCH UND MORPHOLOGISCH, ALSO IHRE GESTALT BETREFFEND, UNTERSCHEIDEN. UNTER ANDEREN SOLL HIER DIE SELKIRK REX GENANNT WERDEN, DIE BEREITS UNMITTELBAR NACH DER GEBURT FLAUSCHIG ZERZAUST AUSSIEHT.

EINIGE ARTEN HINGEGEN WURDEN AUFGRUND VON MUTATIONEN DER OHRMUSCHEL BEKANNT. SIE KANN NACH VORN GEBEUGT SEIN WIE BEI DEN SCOTTISH FOLD ODER DEN HIGHLAND FOLD MIT LANGEM HAAR. ODER SIE IST NACH HINTEN VERDREHT, WIE BEI DEN AMERIAN CURL.

DIE OHREN IHRER JUNGTIERE KRÄUSELN SICH ERST NACH VIER BIS SIEBEN TAGEN NACH DER GEBURT. IN DEN FALTEN DER OHREN SAMMELN SICH DRECK UND OHRENSCHMALZ. DAS MACHT INSBESONDERE BEI KATZENBABYS EIN HÄUFIGES SÄUBERN NÖTIG. MAN REINIGT IHRE

EINLEITUNG Merkmale der Rassen

OHREN MIT BAUMWOLLSTÄBCHEN, DIE MAN IN LAUWARMEM WASSER ANFEUCHTET. DABEI IST ÄUSSERSTE VORSICHT GEBOTEN, UM INFEKTIONEN MIT SPÄTFOLGEN WIE EINER EINSCHRÄNKUNG DES HÖRVERMÖGENS ZU VERMEIDEN. DIE MANX-KATZEN, DIE SEIT JAHRHUNDERTEN AUF DER ISLE OF MAN ZWISCHEN IRLAND UND ENGLAND LEBEN, SIND EBENFALLS URSPRÜNGLICH DAS ERGEBNIS EINER GENMUTATION. IHNEN FEHLT DER GRÖSSTE TEIL DES SCHWANZWIRBELS, WODURCH DER SCHWANZ AUF EINEN STUMPF REDUZIERT ODER GANZ VERSCHWUNDEN IST. DIE SOGENANNTEN „RUMPIES" UNTER DEN MANX-KATZEN SIND VÖLLIG SCHWANZLOS. „RUMPY"-ELTERN KÖNNEN KEINE NACHKOMMEN HABEN, DENN DIE KÄTZCHEN ERBEN VON BEIDEN DAS MUTIERTE GEN UND SIND NICHT LEBENSFÄHIG. DIE SPRÖSSLINGE DER MANX HABEN EINEN TYPISCHEN HÜPFENDEN GANG, DAMIT VERBUNDEN ABER KEINE GLEICHGEWICHTSPROBLEME. EINEN EIGENTÜMLICHEN POMPON AM SCHWANZENDE TRAGEN DIE JAPANISCHEN STUMMELSCHWANZKATZEN, DIE IN JAPAN HOCH VEREHRT WERDEN. JEDES KÄTZCHEN

EINLEITUNG Merkmale der Rassen

DIESER ART GILT ALS EINMALIG, DA ES NAHEZU UNMÖGLICH IST, DASS IHRE SCHWÄNZE GLEICH AUSSEHEN. SIE KOMMEN NORMALERWEISE ZU DRITT ODER VIERT AUF DIE WELT, LERNEN ÜBERRASCHEND FRÜH AKUSTISCHE SIGNALE ZU PRODUZIEREN UND SPRINGEN MIT BEGEISTERUNG IN BEACHTLICHE HÖHEN. ZUGUTE KOMMT IHNEN DABEI VERMUTLICH, DASS DIE VORDERBEINE KÜRZER ALS DIE HINTERBEINE SIND. MEISTENS HABEN SIE EIN LEBHAFT GEFLECKTES, HELLES, FEINES UND KURZES FELL. UNTER DEN TYPISCHEN KURZHAARKATZEN ERKENNT MAN DIE KARTÄUSER GLEICH BEIM ANFASSEN AN DER SAMTIG-SEIDIGEN KONSISTENZ IHRES DICHTEN GRAUEN FELLS. BEI DER GEBURT ZEIGT IHR BLAU SCHIMMERNDES GRAU ERKENNBARE STREIFEN, WELCHE IN DEN FOLGENDEN LEBENSMONATEN ZU EINER EINHEITLICHEN TÖNUNG VERBLASSEN. DIE KARTÄUSER-KÄTZCHEN BEOBACHTEN DIE WELT RINGSUM MIT WUNDERBAR RUNDEN AUGEN, DEREN WARMER FARBTON VON BRONZE BIS BERNSTEIN CHANGIERT UND DIE WIE MIT EINEM MASCARA-STRICH FRISCH GESCHMINKT WIRKEN. DIE SMARAGDGRÜNEN, MAN-

EINLEITUNG Merkmale der Rassen

DELFÖRMIGEN AUGEN DER RUSSISCH BLAU HEBEN SICH DEUTLICH VOM WEICHEN DOPPELFELL DIESER KATZE AB, DIE MAN AUFGRUND IHRES RASSETYPISCHEN LÄCHELNS ALS KATZE MIT DEM „LÄCHELN DER MONA LISA" BEZEICHNET. LEBHAFT UND SCHLANK VON KINDHEIT AN, MIAUEN SIE MIT EINEM VERHALTENEN TON UND FÜRCHTEN LÄRM. DIE THAILÄNDISCHE KORAT BESTICHT DURCH IHRE „WOLKENFARBE" MIT SILBERZEICHNUNGEN UND IHREN KOPF IN HERZFORM. IM SÜDOSTEN ASIENS SIEHT MAN SIE ALS GLÜCKSBRINGER AN. IHRE HERKUNFT AUS DIESEM WARMEN GEBIET MACHT EINE SPEZIELLE PFLEGE ERFORDERLICH: DAS FELL DER JUNGTIERE IST HAUCHZART UND UM ÜBERFLÜSSIGES BÜRSTEN ZU VERMEIDEN, SOLLTE MAN TÄGLICH MIT EINEM FLANELLHANDSCHUH DARÜBERSTREICHEN. ZUDEM SIND TEMPERATURSTÜRZE ZU VERMEIDEN, DA DIESE EXEMPLARE SICH LEICHT ERKÄLTEN KÖNNEN. AUSSERGEWÖHNLICH STARK UND ROBUST SIND DIE BRITISCH KURZHAAR, DIE TYPISCHEN ENGLISCHEN STUBENTIGER, AUCH SIE ÜBERWIEGEND IN GRAU MIT GROSSEN AUGEN ÜBER EINEM RUNDLICHEN

EINLEITUNG Merkmale der Rassen

SCHNÄUZCHEN. DAS GRÖSSTE SPEKTRUM AN FELLSCHATTIERUNGEN FINDET MAN ZWEIFELLOS BEI DER IN EUROPA MEISTVERBREITETEN RASSE: DER EUROPÄISCHEN KURZHAAR. MAN FREUT SICH, WENN MAN DIE FREIHEITSLIEBENDEN LEBHAFTEN HERUMTREIBER IN GÄRTEN, AUF BAUERNHÖFEN UND ANDERSWO SIEHT. SIE SIND DAS RESULTAT EINER JAHRHUNDERTE DAUERNDEN NATÜRLICHEN AUSLESE. DIESE GEHT BIS AUF DEN MOMENT ZURÜCK, ALS DIE PHÖNIZIER EINIGE TIERE IM ANTIKEN ÄGYPTEN IN IHREN BESITZ BRINGEN UND EXPORTIEREN KONNTEN. AUFGRUND BEKANNTER HISTORISCHER WANDMALEREIEN GELTEN DIE KÄTZCHEN DER ÄGYPTISCHEN MAU MIT SCHLANKER GESTALT, SCHÖN GETIGERTEM MANTEL UND GRÜNEN AUGEN ALS DEN ERSTEN DOMESTIZIERTEN KATZEN AM ÄHNLICHSTEN. IHRE MASERUNG LÄSST DIE OCICAT AUS DEN USA TROTZ IHRES FREUNDLICHEN HAUSKATZENCHARAKTERS WIE EINE WILDKATZE AUSSEHEN UND AUCH DIE BEWEGUNGSFREUDIGE UND WASSERLIEBENDE BENGAL VEREINT DIE OPTIK EINES WILDTIERES MIT DEM WESEN EINER DOMESTIZIERTEN RASSEKATZE.

Britisch Langhaar

- Die Britisch Langhaar ist eine neue Rasse, die durch die Kreuzung von Perser mit Britisch Kurzhaar entstand. Von ihr hat sie die rundliche Schnauze, die markanten Augen und die typisch pausbäckigen Wangen. Das dichte Fell lässt sich der Kategorie halblang zurechnen.

240 • Die Standards der Rasse Britisch Langhaar erlauben fast alle Spielarten an Fell- und Augenfarben.

241 • Von klein auf muss man die Britisch Langhaar an einmaliges intensives Bürsten pro Woche gewöhnen, um eine zu starke Aufnahme von Haaren zu vermeiden.

● Obwohl sie in England und im nördlichen Europa weit verbreitet ist, hatte die Britisch Langhaar im Rest Europas keinen Erfolg.

● Der Blick dieser Britisch Langhaar-Katze zeigt den ausgeglichenen Charakter der Art.

● Ein kompakter Körperbau und ein friedlicher Ausdruck tragen dazu bei, dass die Britisch Langhaar auch mit Hunden problemlos zusammenlebt.

● Die Colourpoint-Varietät, das heißt Exemplare mit Färbung im Gesicht, an den Ohren, den Beinen und am Schwanz, werden in vielen Rassen hervorgebracht. Eine davon sind die Britisch Langhaar.

250 • Aufgrund ihres ruhigen Temperaments passen sie sich problemlos an das Leben in der Wohnung an.

251 • Vor allem bei Langhaar-Rassen ist die schwarze Variante selten perfekt. Häufig mischen sich graue oder schokoladenbraune Haare unter das schwarze Fell.

Bengal

- Die Bengal entspringen der Kreuzung von amerikanischen Hauskatzen und wilden asiatischen Leopardkatzen. Es gibt sie in den Varianten getupft (spotted) oder marmoriert (marbled). Züchter haben einen immer besseren Charakter erzielt, indem sie die sanfteren Tiere auswählten.

● Die Bengal brauchen mit ihrem kurzen und dichten Fell keine besondere Pflege, hin und wieder gebürstet zu werden reicht aus.

- Als aufmerksame und intelligente Tiere benötigen die Bengal Platz zum Rennen und Springen. Sie gehören zu den wenigen Rassen, die an Agility-Wettbewerben teilnehmen.

Scottish Fold

- Das dichte Fell ist kurz und wirkt durch das dicke Unterfell plüschig. Niedrige Temperaturen erträgt die Scottish Fold gelassen.

• Zwar tendiert die übliche Farbe der Scottish Fold ins Blaue, doch das Spektrum der heute zugelassenen Nuancen ist breit.

- Man darf die Reinigung der Ohren nicht vergessen. Denn bei den Scottish Foldn sammelt sich dort leichter Dreck an.

- Vom Wesen her ist die Scottish Fold zutraulich, ihr Körperbau ist gedrungen.

Sibirische Katze

● Man nimmt an, dass die Sibirische Katze aus der Verpaarung von Hauskatzen, die Siedler mit nach Sibirien brachten, mit den lokalen Wildkatzen hervorging. Ihr Körper und Fell verleihen ihr die nötige Kraft und das Durchhaltevermögen für ein Überleben in unwirtlichen Gebieten. Heutzutage ist sie sehr begehrt, da sie als einzige Rassekatze keine Katzenhaarallergie auslösen soll.

● Da es sich um eine große und stämmige Katze handelt, braucht sie bis zum zweiten Lebensjahr eine proteinreiche Nahrung.

Siam

- Die Züchtungsarbeit hat aktuell Siam mit fast dreieckiger Schnauze, ohne Stopp (Übergang) am Nasenansatz, mit vergrößerten Ohren und Colourpoint-Färbung hervorgebracht.

272 und 273 • Schon als Jungtiere haben die Siam einen lang gewachsenen Körperbau, seidiges Fell und zarte Pfötchen. Das alles trägt zu einem nobel wirkenden Äußeren bei.

274 und 275 • Ihren eindringlichen Blick verdankt die Siam dem fast legendären Saphirblau der mandelförmigen Augen. Sie stehen leicht schräg.

● Mit einem schlanken, geschmeidigem Wuchs ist die Siam eine überdurchschnittlich kletterfreudige Katze. Wie der Name verrät, stammt sie aus Siam, dem heutigen Thailand.

Orientalisch Kurzhaar

- Sensibel, treu und gesprächig. Damit ähnelt die Orientalisch Kurzhaar im Charakter den Siam-Katzen. Erwähnenswert sind auch ihre smaragdgrünen Augen.

Sphinx

- Die Sphinx oder „Nacktkatze" wurde 1984 zum ersten Mal bei einer Katzenschau gezeigt und sorgte für großes Aufsehen. Die Rasse wurde in Kanada weiterentwickelt – ausgehend vom Wurf einer gewöhnlichen weißschwarzen Katze, in dem aufgrund eines genetischen Fehlers ein nacktes weibliches Kätzchen vorkam.

- In Wirklichkeit ist die Sphinx bis auf Ausnahme von Ohren, Schnauze und Schwanz von einem äußerst weichen, fast unsichtbaren Haarflaum bedeckt.

● Vor allem bei den Jungen der Sphinx ist die Brust tiefer abgesenkt, was eine leichte Krümmung der Hinterbeine zur Folge hat.

● Die Sphinx können alle Farben aufweisen, die bei Kurzhaarkatzen vorkommen.

- Die Augen der kleinen Sphinx sind zitronenförmig und wimpernlos, ebenso fehlen ihr die Schnurrhaare.

● Weil sie immer warme und gemütliche Plätze sucht, ist die Sphinx perfekt für das Leben im Haus geeignet.

Maine Coon

- Diese Rasse hat auffällige Ohren: weit oben angesetzt und groß, mit einem Haarpinsel an der Spitze, wie man ihn von Luchsen kennt.

● Wegen der Fellzeichnungen Brown-Tabby und Silver-Tabby ähnelt die Maine Coon wilden Katzen.

296 • Die Maine Coon ist eine ursprüngliche, nicht überzüchtete Katze. Sie liebt Gesellschaft und die Zugehörigkeit zur Familie – ein empfehlenswerter Hausgenosse.

297 • Die Maine Coon hat einen stattlichen Körperbau. Ausgewachsene Kater können über zehn Kilogramm wiegen. Bereits ein zwei Monate altes Junges bringt schon ein Kilogramm auf die Waage.

298 • Das mittellange und dicht gewachsene Fell der Maine Coon benötigt keine übermäßige Pflege. Es schützt die Katzen auch bei tiefen Temperaturen.

299 • Bei den Maine Coon sind die – in allen Farben zugelassenen – Augen weit offen, ausdrucksstark und leicht schräg gestellt.

● Die Pfoten der Maine Coon sind groß, breit und haben Fellbüschel zwischen den Zehen, die sie wenn nötig wie Schneeschuhe einsetzen können.

- Von einer schweren Katze wie der Maine Coon würde man eine tiefe Stimme erwarten. Stattdessen sind die Töne, die die erwachsenen Tiere von sich geben, schwach und grell wie die der Jungtiere.

- Wie viele andere Rassen wurde auch die Maine Coon in weißer Ausprägung gezüchtet. Ein Beispiel ist dieses Tier mit den ungleichen Augen.

Birma

- Bei der Birma ist die Felltextur samtig, das halblange Fell wirkt wegen des wenigen Unterhaars fast hauchdünn. Sie ist auch als die „Katze mit den weißen Handschuhen" bekannt: Das für Colourpoint typische Himalaja-Gen sorgt für eine Mondsichel an jedem Fußende.

- Diese anziehenden Birma-Kinder müssen noch einige Monate warten, bis sie tiefblaue Augen und die vollständige dunkle Maske auf der Schnauze haben.

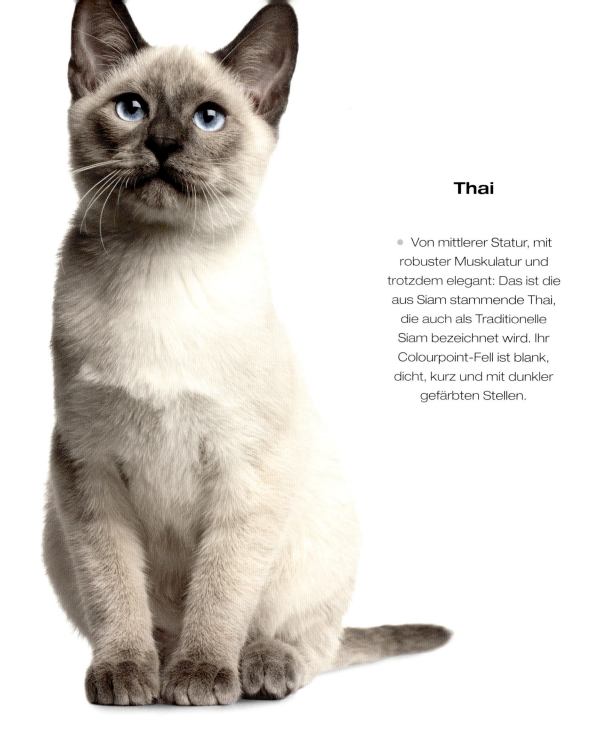

Thai

- Von mittlerer Statur, mit robuster Muskulatur und trotzdem elegant: Das ist die aus Siam stammende Thai, die auch als Traditionelle Siam bezeichnet wird. Ihr Colourpoint-Fell ist blank, dicht, kurz und mit dunkler gefärbten Stellen.

312-313 • Wenn sie die Aufmerksamkeit auf sich lenken möchten, miauen die Thai oft oder schicken intensive Blicke aus azurblauen Augen.

313 • Neben den gewöhnlichen Farbschattierungen Seal-Point und Blue-Point gibt es mittlerweile auch die selteneren Chocolate-Point und Lilac-Point sowie Zeichnungen wie Tabby-Point.

Devon Rex

- Freche Nase, Fledermausohren und gelocktes Fell: Das sind die Merkmale der Devon Rex. Sie traten zuerst bei einer Genmutation in Cornwall in der zweiten Hälfte des 19. Jahrhunderts auf, die das gleichzeitige Vorhandensein von Schutz-, Mittel- und Unterfell erlaubt. Da alle drei gekräuselt sind, ergibt sich eine feine lockige Struktur.

316 • Der Nachwuchs der Devon Rex ist äußerst früh entwickelt. Innerhalb von acht Tagen öffnet er die Augen, manchmal wagt er es schon ab dem zweiten Tag.

316-317 • Diese Varietät der Siam, die Colourpoint mit blauen Augen, trägt den besonderen Namen Si-Rex.

318 • Devon Rex kommen nackt zu Welt und haben drei Monate lang fast kein Fell. Der Pelz verdichtet und bildet sich nach etwa einem Jahr ganz aus.

318-319 • Die Zöglinge der Devon Rex mit langem, dünnen Schwanz, der ebenfalls mit lockigem Fell bedeckt ist. Sie lieben es warm und sind gerne daheim.

Cornish Rex

● Das lockige Fell der Cornish Rex hat seinen Ursprung in der Mutation eines anderen Gens als bei der Devon Rex. Da das Oberhaar fehlt, ist ihr Fell wesentlich weicher mit seidig wirkenden Wellen. Kreuzungen mit der Siam und der Orientalisch Kurzhaar haben zur angeborenen Leichtigkeit dieses Kätzchens aus Cornwall geführt.

322 • Mit einem schlanken und feingliedrigen Äußeren, langen Beinen und betonten Muskeln ist die Cornish ein wahrer Athlet. Das brachte ihr sogar den Spitznamen „Windhund-Katze" ein.

323 • Die Cornish ist lebhaft, extrovertiert und sehr neugierig. Sie verlangt auch mit deutlichen Tönen nach Aufmerksamkeit und möchte nur ungern allein gelassen werden.

324 • Kreuzt man Cornish Rex und Devon Rex, erhält man Jungtiere mit normalem Fell.

325 • Weil ihr Fell keine Wärme halten kann, fressen Cornish Rex andauernd und halten sich mit Vorliebe im Warmen auf.

● Bei den Cornish Rex, deren Haarstruktur an die Orientalisch Kurzhaar erinnert, gibt es alle Farbnuancen des Fells und der Augen.

Perser

● Keine Rasse ist mehr das Resultat gezielter züchterischer Auslese als die Perser: Die Züchter begannen bei der Angora und veränderten die Merkmale dieser Katzen, die die einzigen mit langem Fell sind.

• Das dichte und flauschige Fell der Perser ist am Hals besonders lang. Dort formt es eine Art Halskrause, deren Farbton beim Wachsen wechseln kann.

- Typisch für die Perser ist die runde und gedrückte Schnauze, die abgesenkte Nase und ein auffälliger Stopp. Genannt wird sie auch Peke-Face – Pekinesengesicht.

- Ihr Körper ist kompakt und massiv. Der große, buschige Schwanz und der langsame Gang verleihen der Perser einen aristokratischen Touch.

- Aufgrund des langen, sich verknotenden Fells und der häufig tränenden Augen müssen die Perser von klein auf gut gepflegt werden.

338 • Diese Chinchilla-Perser hat ein helles Unterfell. Mit den smaragdblau oder blau-grün wirkenden Augen erinnert sie an eine silberne Wolke.

339 • Wie verspielt sie auch sein mögen, im Grunde sind die Sprösslinge der Perser recht ruhig. Exzessive Sprünge und das Hochklettern an Vorhängen sind nicht ihre Sache.

● Zu den speziellen Ausprägungen der Perser gehören Cameo und Calico (links), eine Zweifarbige in weiß und blau (Mitte) sowie eine Blu-Tabby (rechts).

Ragdoll

● Die Ragdoll ist massiv und ansehnlich gebaut und bekannt für ihr fügsames Temperament. Ihr Name bedeutet „Stoffpuppe" und sie entstammt einer Kreuzung von Angora und Birma.

• Der halblange, dichte und weiche Fellmantel der Ragdoll weist auch während der Sommermonate einen voluminösen Kragen am Hals auf.

• Die großen Ragdoll-Babys sind Spätentwickler: Sie öffnen ihre Augen erst ungefähr 10 bis 14 Tage nach der Geburt.

Türkisch Angora

- Die Angora stammt aus der Türkei und gilt als Vorfahrin aller Langhaarrassen. Sie ist noch immer das Synonym für eine Katze mit wallend weichem, meist weißem Fell. Aus diesem Grund beschloss man, die Rasse auch namentlich zu kennzeichnen und nannte sie Türkische Angora.

Highland Fold

• Die Highland Fold ist die Langhaar-Version der Scottish Fold, weshalb beide Rassen viele gemeinsame Eigenschaften haben. In einem einzigen Wurf haben nicht alle Nachkommen nach vorne hängende Ohren.

- Man nimmt an, dass die Ursprünge der Highland Fold und der Scottish Fold bei Tieren aus der Mandschurei liegen.

- Bei den Highland Fold sind die Gliedmaßen vergleichsweise kurz und kräftig, der mittellange Schwanz ist zum Ende hin zugespitzt.

• Schon als Jungkatze zeigt die Highland Fold ein feines und angenehmes Profil ohne jeden Stopp.

Bobtail

- Eine relativ rare Rasse ist die Kurilen Bobtail, die von der japanischen Stummelschwanzkatze abstammt und sich auf natürliche Weise auf den unwirtlichen Kurilen-Inseln entwickelte. Bei der Züchtung wurden die kräftigeren Exemplare mit dem Fell bevorzugt, das besser für raues Klima geeignet ist.

- Der einem Pompon ähnelnde Schwanz der Bobtail ist nicht länger als acht Zentimeter. Er kann einen Knoten aufweisen, gekrümmt oder spiralförmig sein.

- Bobtail-Kätzchen sind umgänglich und lebhaft. Sie haben große, mandelförmige Augen, volle Wangen und weit oben am Schädel angesetzte Ohren.

Selkirk Rex

- In der Nähe des Berges Selkirk in Montana (USA) erblickten Ende der achtziger Jahre Kätzchen mit langem und lockigem Fell das Licht der Welt. Hier hatte eine spontane genetische Veränderung zu einer Anomalie des Pelzes bei den Katzenwelpen geführt, die die Kinder einer Perser und einer normalen amerikanischen Katze waren.

• Nur die Weibchen der Selkirk Rex können mit der besonderen Schildpatt-Farbgebung geboren werden. Hierbei sind rote, beige und schwarze Anteile gleichmäßig über den Körper verteilt.

- Das lange Haar der Selkirk Rex sollte täglich mit einer weichen Bürste gepflegt werden.

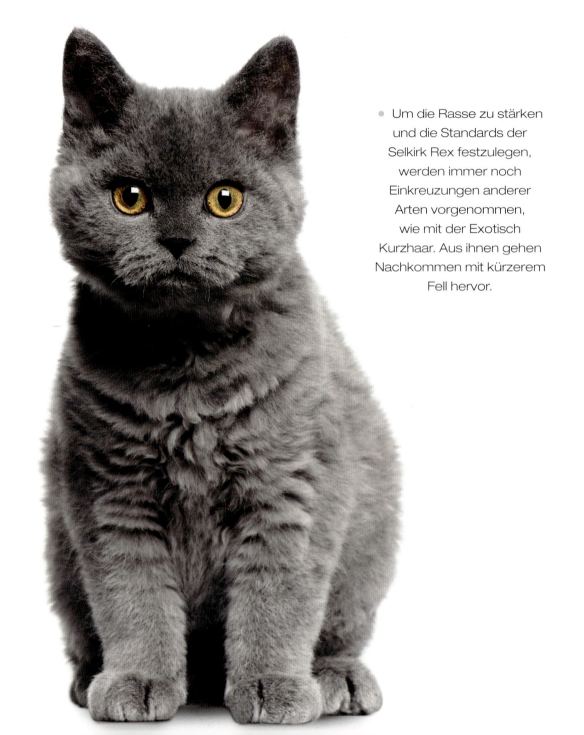

- Um die Rasse zu stärken und die Standards der Selkirk Rex festzulegen, werden immer noch Einkreuzungen anderer Arten vorgenommen, wie mit der Exotisch Kurzhaar. Aus ihnen gehen Nachkommen mit kürzerem Fell hervor.

- Das Gen, das den Selkirk Rex die charakteristische Haarstruktur gibt, ist dominant. Also reicht es, wenn es eines der Elternteile aufweist, damit mindestens die Hälfte der Kleinen es erbt.

Exotisch Kurzhaar

• Die Kreuzung von Perser und American Shorthair brachte die Exotisch Kurzhaar hervor. Mit ihren riesigen, etwas hervorstehenden Augen, kurzer Nase und deutlichem Stopp, großen Tatzen und rundlichem Körper ähnelt sie einem Teddy, den man sofort ins Herz schließt.

- Bei den Exotisch Kurzhaar sind alle Varianten, die auch bei den Persern akzeptiert sind, erlaubt.

Norwegische Waldkatze

- Die Norwegische Waldkatze wird als das heilige Tier der Wikinger angesehen. Sie ist das Resultat einer intensiven Selektion über Jahrhunderte hinweg. Diese brachte eine großgewachsene, eindrucksvolle Katze mit halblangem, wasserabweisendem Fell, dichtem und wollartigem Unterfell hervor. An den Ohrenspitzen sitzen Luchspinsel wie bei der Maine Coon. Ein augenfälliger Unterschied zwischen beiden Arten ist das Profil der Schnauze: Hier ist es lang, gerade und ohne Stopp.

- Als unabhängige, energische Wesen sind die jungen Norwegischen Waldkatzen sehr aktiv. Sie sind immer für ein Spiel zu begeistern.

American Curl

● Die Geschichte dieser Rasse begann 1981 in Kalifornien. Damals brachte eine schwarze Katzenmutter mit langem Fell gleich zwei von vier Jungen mit denselben Kringelohren zur Welt, die sie auch besaß. Diese Abweichung erklärt sich mit einer Mutation. Die Genveränderung markiert den Beginn der Entwicklung der American Curl, was „kräuseln" bedeutet.

- Die Ohren der American Curl sind groß, breit am Ansatz, haben abgerundete Spitzen und gut sichtbare Innenhaare.

- Unter den American Curl gibt es eine weite Spanne an Fellfarben. Das geschmeidige Fell ist halblang und liegt flach am Körper an, weil die Unterwolle wenig dicht ist.

- Die American Curl ist anhänglich und schmust gern. Sie braucht auch in hohem Alter viel Platz.

- Der Schwanz der American Curl ist relativ breit am Ansatz, wird zur Spitze hin dünner und ist so lang wie der Körper.

Ocicat

- Der wilden amerikanischen Ozelot-Katze verdankt sie die Bezeichnung. Obwohl sie dem Ozelot ähnelt, ist die Ocicat eine Rassemischung aus brauner Siam und Abessinier. Das kurze Fell ist gefleckt, der Schwanz weist farbige Ringe auf. Die häufigsten Grundfarben sind Gold und Zimt.

- Schon in jugendlichem Alter ist ihre Gestalt grazil und athletisch. Sie weist immer die typische Musterung mit gleichmäßig angeordneten Punkten und Streifen auf.

Europäisch Kurzhaar

- Sie gelangte auf den Schiffen phönizischer Händler von Nordafrika nach Europa: die gewöhnliche Europäische Katze. Erst mit Beginn der sechziger Jahre wurden die Standards dieser regen, gut gebauten, die Jagd liebenden Kurzfell-Rasse festgelegt. Sie konnte den Alten Kontinent für sich erobern und gilt hier als die Katze schlechthin.

Britisch Kurzhaar

- Von der normalen englischen Katze stammt die Britisch Kurzhaar ab. Sie wurde über lange Zeit hinweg mit Charakteristika gezüchtet, die sie von der europäischen Hauskatze unterscheiden. Ihr Fell ist dicht. Der ganze Körper, insbesondere der Kopf, wirkt ungewöhnlich rund.

- Bei der Britisch Kurzhaar sind die rundlichen, normalerweise orange- oder kupferfarbenen Augen sehr ausdrucksstark. So stechen sie über den Pausbacken hervor.

● Das kurze, dichte Fell der Britisch Kurzhaar neigt zum Abstehen.

- Die häufigste Farbnuance ist blau, danach folgt creme. Bis heute gibt es über 50 Farbvariationen.

● Trotz ihrer Vorliebe für Scheinduelle und Jagd genießt die Britisch Kurzhaar auch das Faulenzen. Hyperaktiv ist sie nie.

Kartäuser

- Eine Katze französischer Herkunft mit wechselvoller Geschichte: Heute ist die Kartäuser eine edle Katze mit vielen Vorzügen. Sie zeichnet sich durch makelloses, kürzeres, dicht gewachsenes, blau schimmerndes und wollähnliches Fell aus. Im 19. Jahrhundert schätzte man es in Frankreich im Pelzhandel.

- Die kreisförmigen, anfangs blauen Augen nehmen nach sechs Monaten einen gelblich-orangen Ton an, der dann bei der heranwachsenden Kartäuser zu Kupfer oder intensivem Orange wird.

Abessinier

- Man geht davon aus, dass die Abessinier der ersten, im antiken Ägypten gehaltenen Katze am meisten ähneln. Der Stamm der derzeitigen Rasse aus abessinischen Exemplaren Mitte des 19. Jahrhunderts wurde in England gezüchtet. Ihr Fell ist kurz, dicht, nachgiebig und schimmernd. Beachtenswert ist das Farbspiel. Wie bei vielen wilden Arten wechseln sich helle und dunkle Ringe an jedem einzelnen Haar ab – das sogenannte „Ticking".

414 • Der Kopf der Abessinier ist keilförmig, aber im Vergleich mit orientalischen Exemplaren wirken manche Stellen abgerundet und haben weiche Konturen.

415 • Der Körper der Abessinier ist schmal, hat einen leicht gekrümmten Rücken und lange, schlanke Beine mit kleinen Pfoten.

416 • Stolzen Charakters schreitet die Abessinier immer leichtfüßig einher. Sie erweckt so den Eindruck, auf Zehenspitzen zu laufen.

417 • Die breiten, mandelförmigen Augen können nussfarben, grün oder gelb sein. Sie werden durch eine Linie in der Grundfarbe umrandet und damit ähnlich wie mit Mascara betont.

Russisch Blau

- Diese vornehme Rasse lebte in den Palästen der Zaren. Sie wurde nach dem Ersten Weltkrieg leicht verändert, indem man die Siam Blue-Point einkreuzte. Erkennungsmerkmale der Russisch Blau blieben der silbern-bläulich schimmernde Mantel und ab der vierten Lebenswoche die grünen Augen.

420 • Die Russisch Blau sind Tiere mittlerer Größe mit feinem Knochenbau, langen, schlanken Gliedern und rundlichen Pfötchen.

421 • Mit den stets wachsamen Ohren lässt sich jedes auch noch so leise Geräusch erfassen. Sie sind nach vorn ausgerichtet und stehen weit oben am Kopf.

Ein LEBEN als CLOWN

● Fratzen und komische Figuren machen die kleinen Katzen zu wahrhaften Schauspielern, die den Menschen verblüffen und bezaubern.

EINLEITUNG Ein Leben als Clown

Mit ihren im Vergleich zum Körper übergrossen Füssen und dem wackeligen Gang wirken alle Jungtiere unbeholfen und ein wenig komisch. Vor allem Kätzchen sind darin nicht zu überbieten, wenn es darum geht, ihr Publikum zum Lachen zu bringen. Wie jeder echte Clown kennen sie alle Facetten der Unterhaltungskunst, und wie ein ewiger Peter Pan geben sie auch noch als ausgewachsenes Tier gerne den Spassmacher.

Es fängt mit dem „Jonglieren" an: Mit der Pfote wirft unser kleiner Jongleur im Grünen ein Wollknäuel über seinen Kopf in die Luft. Jetzt versucht er, es zu halten und schnellt hoch, wie um es zu töten. Beim Ausführen dieser Aktion ist er beinahe dazu gezwungen, sich mit erhobenen Vorderpfoten zu überschlagen und manchmal eine wahrhafte Rolle nach hinten zu vollführen. Für den Beobach-

EINLEITUNG Ein Leben als Clown

TER IST DIESES SCHAUSPIEL UNTERHALTUNG PUR. TATSÄCHLICH GEHÖREN DIESE BEWEGUNGEN GRUNDSÄTZLICH ZU EINEM PRÄZISEN VERHALTENSSCHEMA, NACH DEM KATZEN BEIM FISCHEN HANDELN: WENN DAS AN EINEM WASSERLAUF LIEGENDE JUNGE EINEN FISCH VORBEISCHWIMMEN SIEHT, HÄLT ES GESCHWIND DIE PFOTE INS WASSER UND LÄSST DIE GEWÄHLTE BEUTE BUCHSTÄBLICH ANS UFER „FLIEGEN". KÄTZCHEN ÜBEN DIESE TECHNIK SCHON AB DER FÜNFTEN LEBENSWOCHE UND SELBST OHNE TRAINING WERDEN SIE IN DEN ERSTEN ZWEI MONATEN DARIN ZU EXPERTEN. WER WÜSSTE NICHT, WIE EIN AQUARIUM, ODER NOCH BESSER DIE BERÜHMTE GLASKUGEL MIT GOLDFISCHEN, DIE KLEINEN TIERE MAGISCH ANZIEHT – SEHR ZUM LEIDWESEN DER FISCHE.

DAS KÄTZCHEN IST NORMALERWEISE EIN BEGABTER AKROBAT UND STETS BEREIT, SO HOCH WIE MÖGLICH ZU KLETTERN. SEI DIES AUF EINEN BAUM HINAUF ODER DIE GARDINEN IM WOHNZIMMER.

EINLEITUNG Ein Leben als Clown

DOCH EINE FRAGE BLEIBT: WIE WIEDER HERUNTERKOMMEN? UND DA MAUNZT ES AUF DIE ZWEI VORDERBEINE GESTÜTZT UND SUCHT EINE LÖSUNG. EIN ANDERES MAL SPAZIERT ES, VON DER EIGENEN BEHÄNDIGKEIT ÜBERZEUGT, LEICHTHIN AUF SEHR SCHMALEN STEGEN ALS WÄRE ES EIN HOCHSEILARTIST: NUR ZU OFT RUTSCHT ES DABEI VOM GLATTEN RAND IN DIE VOLLE BADEWANNE, WAS FOLGT, IST EINE BLITZARTIGE FLUCHT MIT VIEL SPRITZENDEM WASSER. GENAUSO VERGNÜGLICH IST DAS WEGROLLEN DES KLEINEN, WENN ES GLÜCKLICH SCHLÄFT UND AUSGESTRECKT AUF EINEM BETT ODER EINEM SOFA TRÄUMT UND DANN PLÖTZLICH AN DER SEITE HINUNTERRUTSCHT. VERWIRRT WACHT ES AUF UND VERSUCHT VERZWEIFELT, SICH AN IRGENDETWAS FESTZUHALTEN. IM BESTEN FALLE GELINGT ES IHM, SICH AN DER DECKE FESTZUKLAMMERN, BIS ES DIE SITUATION ÜBERBLICKT.

DIE SCHLAFPOSITIONEN VON TIERKINDERN WIRKEN IMMER ANRÜH-

EINLEITUNG Ein Leben als Clown

REND. SPEZIELL KÄTZCHEN SIND MEISTER IM AUFFINDEN UNERWARTETER VERSTECKE, UM SICH DORT VON DEN ANSTRENGUNGEN DES SPIELS ZU ERHOLEN. DAMIT IST MAN BEI DER NÄCHSTEN DARBIETUNGSKUNST DER KLEINEN: DER MAGIE. SIE KÖNNEN SICH WAHNSINNIG GUT VERSTECKEN UND ÜBER STUNDEN AUS DEN AUGEN VERSCHWINDEN ODER SICH WIE EIN VERRENKUNGSKÜNSTLER IN EINEN WINZIGEN UNTERSCHLUPF ZWÄNGEN. PLÖTZLICH SCHAUT DANN EIN VORWITZIGES SCHNÄUZCHEN ZWISCHEN DER BETTWÄSCHE IN DER SCHUBLADE, AUS DEM EINKAUFSBEUTEL ODER DEM WASCHMASCHINENFENSTER HERVOR.

KAUM ERWACHT IST JEDES KATZENJUNGE FÜR NEUE AMÜSEMENTS BEREIT. EINE EINFACHE DISKUSSION MIT DEM BRÜDERCHEN WIRD ZU EINER ART KOMIKER-SHOW. DIE BEIDEN HERAUSFORDERER SITZEN SICH DABEI GEGENÜBER UND BEGINNEN DIE VORDERPFOTEN ZU BEWEGEN, ALS WOLLTEN SIE WIE BEI EINEM HEITEREN

Ein Leben als Clown
Einleitung

BOXKAMPF „DIE FÄUSTE GEGENEINANDER ERHEBEN". SIND KEINE SPIELKAMERADEN ZUR HAND, KANN SICH DAS KLEINE MIT DEM ZUFRIEDENGEBEN, WAS DAS FERNSEHEN BIETET: DOKUMENTARFILME MIT GROSSKATZEN ALS HAUPTDARSTELLER SIND BESONDERS INTERESSANT. NUR ZU OFT KANN MAN BEOBACHTEN, WIE DAS KÄTZCHEN SICH MIT TIGERN UND LÖWEN AUF DEM BILDSCHIRM AUSEINANDERSETZT.

KÄTZCHEN EINIGER RASSEN SIND AUFFALLEND BEWEGLICH: VOR ALLEM BENGAL-KATZEN KÖNNEN FÜR CAT-AGILITY-BEWERBE TRAINIERT WERDEN – GENAUSO, WIE DIES MIT HUNDEN MÖGLICH IST. JETZT MÜSSEN SICH AUCH DIE JUNGKATZEN DAHEIM SPORTLICH BETÄTIGEN UND EINE KRÄFTIGE MUSKULATUR AUFBAUEN, DAMIT SIE IHRE PRÄSENTATION WEITER PERFEKTIONIEREN.

- Drahtseil- oder Trapezkünstler? Sicher handelt es sich um begabte Akteure. Aber es reicht, einen Augenblick das Gleichgewicht zu verlieren, um hilflos herunterzuhängen.

● Schon das Zusammentreffen mit einem Tonfrosch lässt eine normale Alltagsszene zu einer amüsanten Show werden.

• Nur durch die Unterweisung der Mutterkatze lernen die Kätzchen, Mäuse zu fangen. Wenn sie gemeinsam aufwachsen, können sie sie sogar als Freunde betrachten.

- Jeder Gegenstand, auch der ungewöhnlichste und merkwürdigste, eignet sich als Stütze für das Schläfchen einer Katze. Nach dem Spiel mit den Brüdern fühlt sie sich erschöpft.

- Es ist nicht leicht, ein in einem Hut oder zwischen Wollknäulen verstecktes Junges auszumachen. Katzenkinder sind wahre Künstler des Versteckspiels.

• Nach dem Herumtollen sind Kätzchen meistens auf der Suche nach einem kuscheligen Plätzchen für eine kurze Schlafpause, gern mit dem Lieblingsspielzeug.

- Halboffene Schubladen, Koffer, Wäschekörbe: Die Möglichkeiten für ein Versteck sind unendlich.

- Auch ein für den Menschen typisches Instrument wie der Computer kann sich als bequemer Ort für die Entwicklung eines Kätzchens erweisen.

- Jungkatzen sind fähige Kletterer, die auch an den Gardinen im Wohnzimmer hoch hinauf gelangen. Die Herausforderung besteht für sie darin, dann wieder einen Weg nach unten zu finden.

- Das Glas mit den Goldfischen hat sicher eine große Anziehungskraft für die Kleinen, die ganz instinktiv schon mit zwei Monaten erfolgreiche Jäger von Wassertieren sind.

• Das Stimmrepertoire des Nachwuchses ist relativ komplex und differenziert. Es variiert stark je nach Rasse.

• Unter den Künstlern dürfen die Mimen nicht fehlen:
Diese zwei scheinen so wild wie möglich wirken zu wollen.

• Während ein Kätzchen eine mögliche Beute beobachtet, öffnet es einen Spalt an der Jalousie. Aber Vorsicht – nicht stecken bleiben!

- Die Tabby-Fellzeichnung dieser winzigen Britisch Kurzhaar ergibt eine schöne Kombination mit dem helleren Rosa und Blau der Wollknäuel.

- Kissen oder Teppiche erinnern an das weiche Fell von Mutter und Brüderchen. Daher fühlen sich die kleinen Wesen hier sehr wohl und sammeln neue Kräfte.

- Zwischen einem Lausbubenstreich und dem nächsten haben die wachsenden „Kämpfer" Bedarf nach Ruhe; Hängematten sind für diesen Zweck ideal.

• Einem Katzenkind beim Schlafen zuzuschauen, bringt einen zum Lächeln. Man spürt, wie zufrieden und sicher es sich fühlt.

● Dieses getigerte Katzenkind versucht, den Rücken zu krümmen, um erwachsener zu wirken. Es muss etwas Fremdes gerochen haben.

464 und 465 • Das Heranwachsende wirkt wirklich enttäuscht darüber, dass sein sehr begehrter Fang entwischt ist.

466-467 • Eine Jungkatze der Thai wartet auf den Spielgefährten und hat dabei den Bauch in die Luft gereckt. Üblicherweise sind es nicht die Dominierenden, die sich so verhalten.

- Gähnen hat eine grundlegende Funktion bei allen Säugetieren: dem Atmungsprozess eine größere Menge Luft zuzuführen.

- Hausgenossen, die mit dem Bauch nach oben spielen, kontrollieren ihr Umfeld nicht mit dem Blick. Und häufig fallen sie auf ganz abenteuerlich von Betten oder Sofas.

● Was auf den ersten Eindruck Grimassen der Missbilligung zu sein scheinen, sind in Wirklichkeit stimmliche Äußerungen. Zwischen den einzelnen Tieren einer Gruppe oder Familie können sie stark voneinander abweichen.

- Samtpfötchen sind lautlose Jäger, aber häufig locken sie die Beute mit eigenartigem Miauen.

● Ab und zu sind die Spiele derart unterhaltsam, dass die Vierbeiner das Schläfchen vergessen und dann nimmt ausgiebiges Gähnen überhand.

● Dieser freche Kleine hat die Pose eines beeindruckenden Räubers angenommen. Auch wenn er vielleicht nur einem Bällchen oder dem Fuß eines Menschen eine Falle stellt.

● Mund auf und Zunge rausgestreckt: Diese sympathischen Kätzchen scheinen Fratzen zu ziehen. Anzunehmen ist, dass sie nur etwas Neues probiert haben.

482 • Oft passiert es, dass der Nachwuchs weiter oben stehende Gegenstände ergreifen will, indem er sich auf die Hinterbeine stellt oder sich an Glas hochzuziehen versucht.

483 • Bevor sie richtige Luftsprünge machen, proben die Jungen das Stehen auf zwei Beinen, um an eine höher platzierte Sache zu kommen.

● Wenn sie so auf den Hinterbeinen versuchen, ihr Wunschobjekt zu erreichen, erinnern diese Selkirk Rex mit dem charakteristischen gelockten Fell an Clowns in ihrer riesigen Kleidung.

- Wie schnell ist ein Tatzenhieb möglich? Mit seinen scharfen Krallen kann ein Katzenkind sogar eine Mücke fangen: Dazu braucht es jedoch viel Übung.

Dieses Jungtier scheint einen wahren Giganten gesehen zu haben, der es erschreckt hat und sich sein Fell sträuben lässt.

- Wenn ein Neugeborenes erwacht, streckt er sich normalerweise ausgiebig. Alle Muskeln und das Nervensystem empfangen so die ersten Signale, um sich in Bewegung zu setzen.

492 • Knurren, Ohren nach vorn, hoch erhobener Schwanz: Alles Gelernte ist präsent und jede Herausforderung willkommen.

493 • Katzen schlafen durchschnittlich sechzehn Stunden am Tag. Dabei träumen und „sprechen" sie sehr häufig.

494 • Am Gesichtsausdruck lässt sich das intensive Maunzen dieses Kleinen erkennen. Er benimmt sich wie ein launisches Kind, das nicht bekommen hat, was es wollte.

495 • Diese Siam mit ihren großen Fledermaus-Ohren und den halb geschlossenen Augen scheint in sich hineinzulachen.

496 • „Nein, auch stehend und ausgestreckt komme ich nicht ran", mag dieses Junge denken, das gleich zum Sprung ansetzt.

497 • Beide Kätzchen wollen dieselbe Sache in ihren Besitz bringen. Es ist leicht vorstellbar, dass sie einen Satz machen, im Flug aneinanderprallen und auf den Boden purzeln.

REGISTER

b = Bildunterschrift
fett = eigenes Kapitel

A
Abessinier 393b, **412-417**
Ägyptische Mau 237
American Curl 8b, 233, **382-391**
American Shorthair 375b

B
Balinese 231
Bengal 18, 237, **252-257**, 428
Birma 33, 230-231, **306-309**, 343b
Britisch Langhaar **238-251**
Britisch Kurzhaar 60b, 76b, 236-237, 238b, **398-407**, 454b

C
Cornish Rex 232-233, **320-327**

D
Devon Rex 232-233, **314-319**, 320b, 324b

E
Europäische Kurzhaar 237, **396-397**, 399b
Exotisch Kurzhaar 228, 370b, **374-377**

H
Highland Fold 233, **351-357**

J
Japanische Stummelschwanzkatze 234-235, 358b

K
Kartäuser 235, **408-411**
Korat 236
Kurilen Bobtail **358-359**

L
Leopardkatze 253b

M
Maine Coon 34, 38, 230, **292-305**, 378d
Manx 234

N
Norwegische Waldkatze 230, **378-381**

O
Ocicat 237, **392-395**
Orientalisch Kurzhaar **278-279**, 320b, 326b
Ozelot 393b

P
Perser 8b, 18, 226b, 228, 238b, **328-341**, 364b, 375b, 376b

R
Ragdoll 230, **342-347**
Russisch Blau 66b, 236, **418-421**

S
Scottish Fold 228b, 233, **258-265**, 351b, 352b
Selkirk Rex 233, **364-373**, 484b
Siam (heutige) 34, 38, 221b, 231, 279b, **270-277**, 393b, 419b, 495b
Sibirische Katze 230, **266-269**
Sphinx 38, 231-232, **280-291**

T
Thai (Traditionelle Siam) 18, 33, 64b, 231, **310-313**, 464b
Türkisch Angora 230, 329b, 343b, **348-350**
Türkisch Van 230

FOTONACHWEIS

S. 2-3 nimnull/Shutterstock
S. 4-5 Leonid and Anna Dedukh/Shutterstock
S. 6-7 Linn Currie/Shutterstock
S. 9 Archivio White Star
S. 11 GlobalP/iStockphoto
S. 12-13 Anna Utekhina/123RF
S. 14-15 GlobalP/iStockphoto
S. 16-17 Nneirda/Shutterstock
S. 19 Africa Studio/Shutterstock
S. 22-23 101cats/iStockphoto
S. 29 Leonid and Anna Dedukh/Shutterstock
S. 31 Orhan Cam/Shutterstock
S. 36 Irtish/iStockphoto
S. 41 siloto/iStockphoto
S. 42 Hans-Martens/iStockphoto
S. 43 Jane Burton/naturepl.com/Bluegreen
S. 44-45 Orhan Cam/Shutterstock
S. 46 Carmen Rieb/Shutterstock
S. 47 siloto/iStockphoto
S. 48-49 Tsekhmister/Shutterstock
S. 50 Leonid and Anna Dedukh/Shutterstock
S. 51 Leonid and Anna Dedukh/Shutterstock
S. 52 cherrymerry/123RF
S. 53 cherrymerry/123RF
S. 54-55 Aleksey Mnogosmyslov/123RF
S. 55 Aleksey Mnogosmyslov/123RF
S. 56 Ermolaev Alexander/Shutterstock
S. 57 LisaValder/iStockphoto
S. 58-59 Moncherie/iStockphoto
S. 60 Ewa Studio/Shutterstock
S. 61 Oksana Kuzmina/Shutterstock
S. 62-63 Oksana Kuzmina/Shutterstock
S. 64 Iriza/iStockphoto
S. 65 Iriza/iStockphoto
S. 66 Gita Kulinitch Studio/Shutterstock
S. 67 Gita Kulinitch Studio/Shutterstock
S. 68 Liliya Kulianionak/Shutterstock
S. 69 vita khorzhevska/Shutterstock
S. 70 dem10/iStockphoto
S. 71 Cherry-Merry/Shutterstock
S. 72 ogis/iStockphoto
S. 73 PerlAlexander/iStockphoto
S. 74 Jane Burton/naturepl.com/Bluegreen
S. 75 Serg Salivon/Shutterstock
S. 76 Cherry-Merry/Shutterstock
S. 77 Viorel Sima/Shutterstock
S. 78-79 Anna Utekhina/123RF
S. 80-81 Schubbel/Shutterstock
S. 82 katia26/123RF
S. 83 Pukhov Konstantin/Shutterstock
S. 84 Schubbel/Shutterstock
S. 85 ARCO/naturepl.com/Bluegreen
S. 86-87 TalyaPhoto/Shutterstock
S. 88-89 Kozub Vasyl/Shutterstock
S. 90 cynoclub/iStockphoto
S. 91 Anastasija Popova/Shutterstock
S. 92 vvvita/Shutterstock
S. 93 Pelevina Ksinia/Shutterstock
S. 94-95 De Agostini Picture Library
S. 96-97 D. Robotti/De Agostini Picture Library
S. 98 Rita Kochmarjova/Shutterstock
S. 99 Ivan Paunovic/123RF
S. 100 Vaclav Mach/Shutterstock
S. 106-107 Tony Campbell/Shutterstock
S. 108-109 Schubbel/Shutterstock
S. 110 LisaValder/iStockphoto
S. 111 Inha Makeyeva/Shutterstock
S. 112 Shebeko/Shutterstock
S. 113 Zelenenka Yuliia/Shutterstock
S. 114-115 Mitrofanov Alexander/Shutterstock

S. 116 Guillermo del Olmo/Shutterstock
S. 117 Lisalson/iStockphoto
S. 118-119 Tonpicknick/iStockphoto
S. 120 vvvita/Shutterstock
S. 121 vvvita/iStockphoto
S. 122 Rita Kochmarjova/Shutterstock
S. 123 Vaclav Volrab/Shutterstock
S. 124-125 Fesus Robert/123RF
S. 126 Heinz Meis/123RF
S. 127 christingasner/iStockphoto
S. 128-129 Miroslav Hlavko/Shutterstock
S. 130 mikfoto/Shutterstock
S. 130-131 Schubbel/Shutterstock
S. 132 AnetaPics/Shutterstock
S. 133 TsnowImages/iStockphoto
S. 134 Joerg Hackemann/123RF
S. 135 Blue Iris/Shutterstock
S. 136 Boris Jaroscak/Shutterstock
S. 137 fotata/Shutterstock
S. 138 Sergey Petrov/Shutterstock
S. 139 pavelmayorov/Shutterstock
S. 140 DragoNika/Shutterstock
S. 141 Poprugin Aleksey/Shutterstock
S. 142-143 Nataliia Melnychuk/Shutterstock
S. 144-145 Vera Kuttelvaserova Stuchelova/123RF
S. 146 DarioEgidi/iStockphoto
S. 147 Anastasija Popova/Shutterstock
S. 148-149 VikaRayu/Shutterstock
S. 150 EEI_Tony/iStockphoto
S. 151 Tony Campbell/Shutterstock
S. 152-153 vvvita/123RF
S. 154 Xseon/iStockphoto
S. 156 tomch/iStockphoto
S. 157 otsphoto/Shutterstock
S. 158-159 Nataliya Hora/123RF
S. 159 katia26/123RF
S. 160-161 Michelle Gibson/Getty Images
S. 162-163 Татьяна Садовничек/123RF
S. 164 Anna Yakimova/123RF
S. 165 vvvita/123RF
S. 166-167 Diana Valujeva/123RF
S. 168 Ivan Paunovic/123RF
S. 169 Beata Chmielewska/123RF
S. 171 Ewa Studio/Shutterstock
S. 176-177 Galyna Andrushko/Shutterstock
S. 178 Kuttelvaserova Stuchelova/Shutterstock
S. 178-179 Volfoni/Shutterstock
S. 180 EEI_Tony/iStockphoto
S. 181 Serg Salivon/Shutterstock
S. 182-183 Andrey_Kuzmin/iStockphoto
S. 184 Tony Campbell/Shutterstock
S. 184-185 Tony Campbell/Shutterstock
S. 186 Orhan Cam/Shutterstock
S. 187 annedde/iStockphoto
S. 188 Tony Campbell/Shutterstock
S. 189 EEI_Tony/iStockphoto
S. 190-191 Mark Taylor/naturepl.com/Bluegreen
S. 192 Sissy Borbely/Shutterstock
S. 193 Tony Campbell/Shutterstock
S. 194 Eric Isselee/123RF
S. 195 Eric Isselee/123RF
S. 196-197 tankist276/Shutterstock
S. 198 Istvan Csak/Shutterstock
S. 199 Andrey_Kuzmin/iStockphoto
S. 200-201 Andrey_Kuzmin/Shutterstock
S. 202 vita khorzhevska/Shutterstock
S. 203 Lars Christenen/123RF
S. 204-205 Kuttelvaserova Stuchelova/Shutterstock
S. 206-207 Lars Christenen/Shutterstock
S. 208 Lars Christenen/Shutterstock

S. 209 Lars Christenen/Shutterstock
S. 210-211 cynoclub/Shutterstock
S. 212 fotostokers/Shutterstock
S. 213 Pelana/Shutterstock
S. 214 101cats/iStockphoto
S. 215 Benjamin Simeneta/Shutterstock
S. 216 Ermolaev Alexander/Shutterstock
S. 217 Tanchic/Shutterstock
S. 218 Ermolaev Alexander/Shutterstock
S. 218-219 Ermolaev Alexander/Shutterstock
S. 220-221 Eric Isselee/Shutterstock
S. 222-223 Tony Campbell/Shutterstock
S. 224-225 Oksana Kuzmina/Shutterstock
S. 227 Eric Isselee/Shutterstock
S. 229 GlobalP/iStockphoto
S. 238 Eric Isselee/123RF
S. 239 Eric Isselee/123RF
S. 240 Eric Isselee/123RF
S. 241 Eric Isselee/123RF
S. 242-243 Eric Isselee/123RF
S. 244-245 Eric Isselee/123RF
S. 246 Eric Isselee/123RF
S. 247 Eric Isselee/123RF
S. 248 Eric Isselee/123RF
S. 249 Eric Isselee/123RF
S. 250 Eric Isselee/123RF
S. 251 Eric Isselee/123RF
S. 252 Kirill Vorobyev/123RF
S. 253 Anna Utekhina/123RF
S. 254-255 Anna Utekhina/123RF
S. 256 Eric Isselee/123RF
S. 257 Eric Isselee/123RF
S. 258-259 andreykuzmin/123RF
S. 260 Anna Utekhina/123RF
S. 261 Eric Isselee/123RF
S. 262 Eric Isselee/123RF
S. 263 Eric Isselee/123RF
S. 264 Eric Isselee/123RF
S. 265 Eric Isselee/123RF
S. 266 Dixi/iStockphoto
S. 267 GlobalP/iStockphoto
S. 268-269 Anna Utekhina/Shutterstock
S. 270 cynoclub/iStockphoto
S. 271 babyblueut/iStockphoto
S. 272 Eric Isselee/123RF
S. 273 Eric Isselee/123RF
S. 274 Eric Isselee/123RF
S. 275 Eric Isselee/123RF
S. 276-277 Eric Isselee/123RF
S. 278 FineShine/Shutterstock
S. 279 Ivonne Wierink/123RF
S. 280 andreykuzmin/123RF
S. 281 Liliia Rudchenko/123RF
S. 282 dien/Shutterstock
S. 283 Anna Utekhina/Shutterstock
S. 284 Eric Isselee/123RF
S. 285 Andrey_Kuzmin/Shutterstock
S. 286-287 Gladkova Svetlana/Shutterstock
S. 288 Gladkova Svetlana/123RF
S. 289 Nikolay Pozdeev/123RF
S. 290-291 andreykuzmin/123RF
S. 292 Eric Isselee/Shutterstock
S. 293 Eric Isselee/123RF
S. 294 Anna Utekhina/Shutterstock
S. 295 Eric Isselee/123RF
S. 296 Marina Jay/Shutterstock
S. 297 Eric Isselee/123RF
S. 298 Eric Isselee/123RF
S. 299 Eric Isselee/123RF
S. 300 Eric Isselee/123RF
S. 301 Eric Isselee/123RF
S. 302-303 Aleksej Zhagunov/123RF
S. 304 Eric Isselee/123RF
S. 305 Eric Isselee/123RF
S. 306 GlobalP/iStockphoto
S. 307 GlobalP/iStockphoto
S. 308-309 Eric Isselee/123RF
S. 310 Eric Isselee/123RF
S. 311 Eric Isselee/123RF
S. 312-313 yykkaa/Shutterstock
S. 313 cappucino guy/Shutterstock
S. 314 Марина Гераскина/123RF
S. 315 Марина Гераскина/123RF
S. 316 Jagodka/Shutterstock
S. 316-317 Марина Гераскина/123RF
S. 318 fotojagodka/iStockphoto

S. 318-319 fotojagodka/iStockphoto
S. 320 Oleg Kozlov/Shutterstock
S. 321 digifuture/123RF
S. 322 Eric Isselee/123RF
S. 322-323 Eric Isselee/123RF
S. 324 Марина Гераскина/123RF
S. 325 Eric Isselee/123RF
S. 326 Vasiliy Koval/123RF
S. 327 Vasiliy Koval/123RF
S. 328 GlobalP/iStockphoto
S. 329 Eric Isselee/Shutterstock
S. 330 Eric Isselee/Shutterstock
S. 331 Eric Isselee/Shutterstock
S. 332 Eric Isselee/Shutterstock
S. 333 Eric Isselee/Shutterstock
S. 334 Eric Isselee/Shutterstock
S. 335 Eric Isselee/Shutterstock
S. 336-337 Eric Isselee/Shutterstock
S. 338 Eric Isselee/Shutterstock
S. 339 Eric Isselee/Shutterstock
S. 340 Eric Isselee/Shutterstock
S. 341 Eric Isselee/Shutterstock
S. 342 Eric Isselee/Shutterstock
S. 343 Eric Isselee/Shutterstock
S. 344 Eric Isselee/123RF
S. 344-345 Eric Isselee/123RF
S. 346 Eric Isselee/123RF
S. 347 Eric Isselee/123RF
S. 348 Krissi Lundgren/Shutterstock
S. 348-349 Jose Manuel Gelpi Diaz/123RF
S. 350-351 Eric Isselee/Shutterstock
S. 352 Eric Isselee/123RF
S. 353 Eric Isselee/123RF
S. 354 Eric Isselee/Shutterstock
S. 355 Eric Isselee/123RF
S. 356-357 Eric Isselee/Shutterstock
S. 358 Andrey_Kuzmin/Shutterstock
S. 359 andreykuzmin/123RF
S. 360-361 Nikolai Tsvetkov/Shutterstock
S. 362 Nikolai Tsvetkov/123RF
S. 362-363 Nikolai Tsvetkov/123RF
S. 364 Anna Utekhina/123RF
S. 365 Jagodka/Shutterstock
S. 366 Eric Isselee/Shutterstock
S. 367 Eric Isselee/123RF
S. 368-369 Eric Isselee/Shutterstock
S. 370 Eric Isselee/123RF
S. 371 Eric Isselee/123RF
S. 372 Eric Isselee/123RF
S. 372-373 Eric Isselee/Shutterstock
S. 374 Eric Isselee/Shutterstock
S. 375 Eric Isselee/Shutterstock
S. 376 Eric Isselee/Shutterstock
S. 377 Eric Isselee/123RF
S. 378-379 absolutimages/Shutterstock
S. 380 GlobalP/iStockphoto
S. 381 Eric Isselee/Shutterstock
S. 382 Eric Isselee/123RF
S. 383 Eric Isselee/123RF
S. 384 Eric Isselee/123RF
S. 385 Eric Isselee/123RF
S. 386-387 GlobalP/iStockphoto
S. 388-389 Eric Isselee/123RF
S. 390 Eric Isselee/123RF
S. 391 Eric Isselee/123RF
S. 392 Julia Remezova/Shutterstock
S. 393 Julia Remezova/Shutterstock
S. 394-395 Eric Isselee/123RF
S. 396 Eric Isselee/123RF
S. 397 Eric Isselee/123RF
S. 398 Eric Isselee/Shutterstock
S. 399 Eric Isselee/123RF
S. 400 Eric Isselee/123RF
S. 401 Eric Isselee/123RF
S. 402 Eric Isselee/Shutterstock
S. 403 Dmitry Kalinovsky/123RF
S. 404 Dixi_/iStockphoto
S. 405 Eric Isselee/Shutterstock
S. 406-407 GlobalP/iStockphoto
S. 408 Eric Isselee/Shutterstock
S. 409 Eric Isselee/Shutterstock
S. 410 Eric Isselee/Shutterstock
S. 410-411 Dmitry Kalinovsky/123RF
S. 412 Anna Utekhina/123RF
S. 413 Anna Utekhina/123RF
S. 414 Ingret/Shutterstock
S. 415 Anna Utekhina/123RF
S. 416 Volha Ahranovich/123RF

S. 417 Roksana Bashyrova/123RF
S. 418 Anna Utekhina/123RF
S. 419 Anna Utekhina/Shutterstock
S. 420 Anna Utekhina/123RF
S. 421 Anna Utekhina/123RF
S. 423 Tony Campbell/Shutterstock
S. 429 Ermolaev Alexander/Shutterstock
S. 430-431 WilleeCole/Shutterstock
S. 432-433 Tsekhmister/Shutterstock
S. 434 Tsekhmister/Shutterstock
S. 435 Sinelyov/Shutterstock
S. 436 fotata/Shutterstock
S. 437 Diego Cervo/123RF
S. 438 DreamBig/Shutterstock
S. 438-439 Mircea Bezergheanu/Shutterstock
S. 440 Tompet/Shutterstock
S. 441 Andrey_Kuzmin/Shutterstock
S. 442-443 ksushsh/123RF
S. 444-445 Oksana Kuzmina/Shutterstock
S. 445 Oksana Kuzmina/Shutterstock
S. 446 tobkatrina/123RF
S. 447 Eric Isselee/Shutterstock
S. 448 Foonia/Shutterstock
S. 449 Alta Oosthuizen/Shutterstock
S. 450 vvvita/Shutterstock
S. 451 Scorpp/Shutterstock
S. 452 Linn Currie/Shutterstock
S. 453 Linn Currie/Shutterstock
S. 454-455 idal/iStockphoto
S. 456 Vinogradov Illya/Shutterstock
S. 457 vvvita/Shutterstock
S. 458 Grigory L/Shutterstock
S. 459 Grigory Lukyanov/123RF
S. 460 Anna Utekhina/Shutterstock
S. 460-461 Anna Utekhina/Shutterstock
S. 462-463 Oksana Kuzmina/Shutterstock
S. 464 Maxim Bolotnikov/iStockphoto
S. 465 Pavel Timofeev/123RF
S. 466-467 Tony Campbell/Shutterstock
S. 468 Ekaterina Litvinenko/Shutterstock
S. 469 Tsekhmister/Shutterstock
S. 470 Orhan Çam/123RF
S. 471 Dmitry Suzdalev/Shutterstock
S. 472 jirkaejc/123RF
S. 473 Anna Utekhina/Shutterstock
S. 474 GlobalP/iStockphoto
S. 475 GlobalP/iStockphoto
S. 476 Norman Kin Hang Chan/123RF
S. 477 flibustier/iStockphoto
S. 478-479 Sergii Figurnyi/123RF
S. 480 dem10/iStockphoto
S. 481 Dixi_/iStockphoto
S. 482 Andrey_Kuzmin/iStockphoto
S. 483 Oksana Kuzmina/Shutterstock
S. 484 Eric Isselee/123RF
S. 485 Eric Isselee/123RF
S. 486 mchen007/iStockphoto
S. 487 Oksana Kuzmina/Shutterstock
S. 488-489 Eric Isselee/Shutterstock
S. 490-491 Andrey_Kuzmin/iStockphoto
S. 492 Fesus Robert/iStockphoto
S. 493 Jagodka/Shutterstock
S. 494 Eric Isselee/123RF
S. 495 Eric Isselee/Shutterstock
S. 496 Eric Isselee/Shutterstock
S. 496-497 Eric Isselee/Shutterstock

Titelbild
Wegen der Fellzeichnungen Brown-Tabby und Silver-Tabby ähnelt die Maine Coon wilden Katzen.
© Utekhina Anna/Shutterstock

Umschlagrückseite
Dieses schwarz-weiße Perserkätzchen, das einem Wattebausch ähnelt, ist das beste Beispiel für eine Langhaarkatze.
© Eric Isselee/Shutterstock

AUTOR DER TEXTE

Rita Mabel Schiavo ist Biologin und Verhaltensforscherin sowie eine passionierte Liebhaberin der Tier- und Pflanzenwelt. Sie widmet sich der Verbreitung naturkundlichen Wissens. Mit ihren Fachkenntnissen bringt sie dem Leser die faszinierende Welt näher, die uns umgibt. Sie ist Gründungsmitglied des Verbandes der Museumsdidaktik ADM und Verantwortliche für den Bildungsservice von Institution und Region am Naturkundemuseum Mailand. Beim White Star Verlag erschien bereits das CubeBook *Wilde Tiere*, bei dem sie als Co-Autorin mitwirkte.

WS Edizioni White Star® ist eine eingetragene Marke
von De Agostini Libri S.p.A.

© 2014 De Agostini Libri S.p.A.
Via G. da Verrazano 15
28100 Novara, Italien
www.whitestar.it - www.deagostini.it

Übersetzung: Katrin Schmeißner
Redaktion Deutschland: Petra Hirscher

Alle Rechte vorbehalten.
Kein Teil des Werkes darf in irgendeiner Form (durch Fotokopie, Mikrofilm oder ein ähnliches Verfahren) ohne die schriftliche Genehmigung des Verlages reproduziert oder unter Verwen-dung elektronischer Systeme verarbeitet, vervielfältigt oder verbreitet werden.

ISBN 978-88-6312-210-7
1 2 3 4 5 6   18 17 16 15 14

Gedruckt in China